賃金破壊

増補版

労働運動を「犯罪」にする国

竹信三恵子◉著

旬報社

二〇二一年一一月に刊行した『賃金破壊――労働運動を「犯罪」にする国』に補章を追加した増補版です。

はじめに——増補にあたって

この本は、二〇二一年に出版された『賃金破壊——労働運動を「犯罪」にする国』を一部、加筆修正し、出版後の三年間に起きた事件の大転回を「補章」として書き加えたものだ。

二〇一八年七月、近畿二府二県の警察が出動し、生コン運転手らの労働組合「関西地区生コン支部」（関生《かんなま》支部）での多量の逮捕が始まった。企業を横断した業界一斉ストライキなどの組合活動を、威力業務妨害などの「犯罪」と見立てた「関西生コン事件」の始まりだった。逮捕された組合員はのべ八一人にのぼり、うち六六人が起訴、という規模の大きさにもかかわらず、このできごとは、マスメディアからはほぼ黙殺されてきた。増補版は、そんな奇妙な事件の実相を記録しておこうと出版した。

私は当初、日本の賃上げを支える労働組合という組織のメンバーが、これほど大量に逮捕され、それが一向に報じられないことにただ驚き、取材に入った。だが、取材を続けるうちに、もうひとつの事実に突き当たった。それは、この国には、懸命に働いても賃金が上がらず、人間らしい生活が送れないことを固定化する「仕掛け」のようなものが張り巡らされている、ということだった。

それがどのようなものなのかは本書を読んでみてほしいが、関生支部という労組は、そんな目に見えない仕掛けを跳ね除ける労働運動を現場からの創意工夫で実行し、そうした仕掛けをあぶり出す役割を果たしてきた。大量逮捕は、力でそれに蓋をしようとした。

ただ、いま、事件は大きな転回を見せつつある。裁判では無罪確定が相次いでいる。遠巻きにしていた人々も「これは変なのでは」とあやしみ始め、映画やテレビでのドキュメンタリー番組も放映された。そんな反転を生み出したのは、おかしいことはおかしい、と無罪を主張し続けてきた組合員たちの踏ん張りであり、労組での連帯の記憶に支えられたこの人たちの明るさと一種の「痛快さ」だったと思う。

三年の変化のなかで、もうひとつ見えてきたものがある。それは、この事件が予言的な事件でもあったということだ。事件が始まった後に本格化したコロナ禍は、この社会の貧困化と不安定化を強め、関生支部の組合員たちが直面したものは、私たちにとって身近で日常的なものに転化しつつある。

一つが、事件の前段で起きた、ヘイトグループによるフェイク情報のばらまきだ。それが組合のイメージを落としてその反論を封じ込め、メディアの敬遠を作り出した。二〇二四年の衆議院選挙や兵庫県知事選では、こうしたSNSという道具による情報拡散の危うさが、前面に躍り出た。

二つ目が、逮捕後の組合員に対する警察・検察の取り調べの異様さだ。そこでは、事件の究明より、組合からの脱退に追い込む極端な長期勾留が行われた。当時、そんなことはあるはずがない、と言われ続けたこの行為は、この間、他の事件で「人質司法」として注目され、取り調べ録画などを通じた取り調べの可視化が進みつつある。

三つ目が、物価高の中での賃金の低迷と生活苦の深化の中でのストライキなどへの支持の高まりだ。たとえば二〇二三年の西武百貨店ストは世論の共感を呼び寄せ、生活防衛へ向け、ストを辞さない労組がその後、相次いでいる。

関西生コン事件で起きたことは、コロナ禍後の液状化する社会の中、「私たちみんなに起きること」になった。その意味で、二〇二一年版をお読みになっていない方には、1~7章を通じて「賃金が上がらないこの国の仕掛け」について知っていただきたい。また、すでにお読みになった方には、「補章」を通じ、コロナ後の社会へ向けた関西生コン事件の予言を感じ取ってほしい。関西生コン事件は関西の一労組に起きたたまたまの現象ではない。不安定さを生きる私たちが明日にも直面するかもしれない事態をめぐる、ひとつの実験場が、そこにある。(文中敬称略)

竹信三恵子

二〇二四年一二月

プロローグ

「それって、日本の話なの？」

二〇一八年秋、東京都内の喫茶店の薄暗い片隅で、私は目の前の知人の顔を、思わず見つめなおした。

知人は、生コンクリートを建設現場に運ぶ運転手などを組織する「全日本建設運輸連帯労働組合」というものものしい名前の労働組合の役員を務めている。この長い名前の労組《ろうそ》は、縮めて「全日建《ぜんにっけん》」と呼ばれることもあり、愛称風に「連帯ユニオン」と呼ばれることもある。

一方、私は新聞社の労働経済記者として男女の賃金差別、ワークライフバランスを欠いた企業の労務管理、パートや派遣、非正規公務員などの非正規労働者に対する人権侵害、「労働」の外側の家事・育児労働を無視した労働政策、といった問題を手掛け、三六年の記者生活の後、教員として大学に移っていた。

このように、「女性の働きにくさ、生きづらさ」を軸に日本の労働問題と向き合ってきた私が、どちらかと言えば「男だらけ」のイメージの「連帯ユニオン」を知るようになったのは、二〇〇八年のリーマンショックの少し前だった。

二〇〇四年、危険度が高いとして禁止されていた製造業での派遣労働が解禁され、多数の若者が派遣として工場で働き始めた。そこへ、世界的な経済変動となったリーマンショックが起きた。大量の派遣労働者が契約を打ち切られ、勤めていた会社の寮も追い出された。こうした働き手を支えるため、同年末、労組や反貧困団体のメンバーらによって東京・日比谷公園に「年越し派遣村」が開設された。「連帯ユニオン」は、それら製造業派遣の若者たちによる労組を立ち上げ、さらに、「若者ための労働NPO」を始めたいという大学生たちの相談にも乗っていた。労組を直接つくるのでなく、NPOというかたちで学生による学生たちの労働教育・労働相談を行って若者による労組の結成につなげる、という、これまた新しいタイプの労働運動だった。

私はそれらの新組織のスタートについて、次々と記事を書いた。

そのころは、この「連帯ユニオン」の活動をテーマにした土屋トカチ監督のドキュメンタリー映画、「フツーの仕事がしたい」も話題になっていた。映画は、過酷な長時間労働と低賃金に耐えかねて「連帯ユニオン」に加入したセメント輸送の三〇代運転手、皆倉信和《かいくらのぶかず》と、運送会社や旧財閥系大手セメント会社との攻防をリアルに描き、二つの国際映画賞を受賞している。

そんな「連帯ユニオン」のメンバーのうち、大阪、滋賀、京都、和歌山など近畿地区の生コン企業の運転手らが加入する「関西地区生コン支部」(「関生〈カンナマ〉支部」)という労組の組合員らが、二〇一八年の夏以降、ストライキや団体交渉を理由に相次いで逮捕され、しかも、工場のベルトコンベアに乗せられたかのように粛々と、大量に、起訴され続けている、と知人は言うのだった。

逮捕者は一年後に、延べ八九人に膨れ上がり、うち七一人もが起訴され、有罪判決も出始める。だが、喫茶店での知人の話の中でとりわけ異様に感じたのは、滋賀県警で労働事件として逮捕された組合員が起訴されると、大阪府警がすぐさま出てきて、ほかの容疑を理由に同じ組合員を逮捕、勾留する、という、まるで警察署間の連係プレーのような手法が繰り返されていることだった。その結果、組合員はいつまでたっても保釈されず、延々と勾留が続くことになる。

逮捕、勾留、起訴↓逮捕、勾留、起訴↓逮捕……と、際限なく繰り返される、無限ループのような逮捕劇のありさまを知人から聞いているうち、私の頭には、一九三六年に公開されたチャップリンの喜劇映画、「モダンタイムズ」のシーンが浮かんできた。

映画では、工場や飲食店での働き手の過酷な労働状況やスト、などが次々と登場する。失業した労働者たちが街頭に繰り出し、赤旗を掲げて街頭をデモする場面では、空気を読めないチャップリンが、行きがかり上、隊列の先頭で旗を持たされる羽目に陥る。そこに騎馬警官たちが襲い掛かり、労働者は蹴散らされ、一網打尽で逮捕される。

チャップリンも巻き込まれて逮捕され、護送車に詰め込まれ、勾留される。やがて釈放されるのだが、警察署を出るや、またしてもさしたることもない事件に巻き込まれて逮捕され、護送、勾留、釈放へ。その際限ない繰り返しがギャグとなり、観客の笑いを誘う。

だが、労働運動を理由とするそんな大量逮捕は、すでに過去のものになったと思われてきた。

大きな理由は、労働者の待遇向上に不可欠な活動として労組の活動を保障する「労働基本権」が、戦後世界の常識となったからだ。

「モダンタイムズ」が公開された前年の一九三五年、米国では「全国労働関係法」（ワグナー法）が成立し、労働組合を結成する権利（団結権）、その労組を通じて企業と団体交渉する権利（団体交渉権）などが、法的に保障された。

きっかけは、一九二九年の世界大恐慌だった。

経済が崩壊して大失業が広がり、米国では経済の立て直しのために、雇用を創出しつつ、労働者への分配を増やす新しい経済政策として「ニューディール」が登場する。一九七〇年代まで続く「米国の格差大縮小期」と言われる時代の始まり、とされる政策である。

少数のお金持ちだけが利益を抱え込んでいると、お金は一般の人々に回らず、経済全体が悪化してしまう。となれば、労働基本権で働き手の交渉力を支え、経営者に賃金を引き上げさせるしかない。「お前なんかクビだ」と言われたら黙るしかないたくさんの働き手たちにとって、労組は数少ない賃上げ装置であり、働き手の小さな声を吸い上げて経営側の大声にぶつけるための拡声器でもあった。こうした空気の中で、「モダンタイムズ」は、失業者や貧しい労働者への応援映画としても人気を博した。

こうした「団結権」「団体交渉権」、そして、就労の拒否によって雇い主の譲歩を引き出す「ストライキ」などを行える「団体行動権」は、労働基本権として、一九四五年の敗戦で生まれた日本国憲法の二八条にも盛り込まれ、正当な組合活動は刑事罰の対象にしないと明記した労働組合法ができた。以後、組合活動をあからさまに抑え込むような大量逮捕などそう簡単には起こりえないと、私たちは、漠然と考えてきたのではなかったか。

それが、なぜいま、この日本で起きたのか。加えて、八〇人を超す組合員が一網打尽にされるような事件が、まるで報道管制を敷かれたかのように報道されないのも不思議だった。憲法二八条も労働組合法も、なくなったわけではないのだ。

薄気味悪さに耐えかねて、私は周囲の人々をつかまえては事件の経緯を話してみた。

みな、信じなかった。

「組合活動は法律で保障されているでしょ。何かの勘違いじゃないの」という人がいた。人は、考えられないことが起きると、事態を直視する前に、何とか理由をひねり出して辻褄を合わせ、自分を納得させようとする。

「組合活動が原因じゃなくて、労組の人が警官を殴るとかして暴行や傷害の罪に問われたとかじゃないの」という人もいた。しかし、この事件の逮捕・起訴容疑として「暴行」や「傷害」が登場するものは一件もない。「強要」「恐喝」やそれらの未遂という、肉体的ぶつかりあいのない容疑ばかりだ。それなら、なぜ？

「労組なんて、どうせ大手企業の男性正社員の利益を守るだけの既得権益集団でしょ。あってもなくても自分にはカンケイない」という人もいた。これまで、身近な労組の対応に、深く傷つけられたことがあったのかもしれない。確かに今、日本の労組に課題がないわけではない。だが、労組は本当に「あってもなくてもカンケイない」ものなのか。労組は「大手企業の男性正社員を守るだけ」のものばかりではない。現に「連帯ユニオン」は企業を超えて非正規運転手も組織してきた。

私は、記者時代も大学の教員時代も、取材先や学生たちから労働問題で相談を受けると、こうした企業横断型の「ユニオン」と呼ばれる労組の人たちに問い合わせ、情報を集めてきた。これらの労組には、常設の労働相談窓口などを通じて職場の実態が寄せられ、問題解決へ向けた労使交渉を通じ、会社側の事情も入ってくる。そうした「ユニオン」の活動がなければ、働く側に何が起きているのかをうかがうことは極めて難しい。企業の情報規制の分厚い壁が、それを阻んでいるからだ。

このような活動を保障している憲法二八条が無視され、労組自体が消滅してしまうようなことがあれば、やがては「カンケイない」と言っていた人々自身の首が絞められることにつながらないか？

改めて見渡してみると、周囲では、ほかにも妙な動きが相次いでいた。

知人から話を聞いた同じ年、「働き方改革」として行われた労基法改定で、それまで「週四〇時間、一日八時間労働」の規定だけだった労働基準法に、「繁忙期には最大で月一〇〇時間未満」などの過労死ラインすれすれの残業容認が付け加えられた。一日八時間は、人間が睡眠時間や生活時間を確保して人間らしく働くための規定だ。そこに、場合によっては死ぬかもしれない時間まで働かせてもいい、という規定が加えられたことになる。これは、法律が想定する人間像が、「健康で文化的な暮らしの実現のために働く人間」から「壊れる寸前までは働かせていい機械」へと転換したことにならないだろうか。

同じ年、社員が管理職や経営側の発言を録音したことが社員同士の自由な意見交換を妨げ、職場の「環境悪化」を招くとされ、録音データをマスメディアに提供したことを問題視する高裁判決が出された。ここでは、記者会見での発言も、原告の感想や意見ではなく、事実でないことによる名誉毀損とする見方も示された。ハラスメントは密室で起きることが多いため、証明が難しい。だから録音は、証拠の確保のために必須とされてきた。記者会見も、立場の弱い働き手が広く社会に訴えて問題提起する行為として、当たり前と考えられてきた。これらの許容度が大幅に狭められれば、ハラスメントを問題化することは難しくなりかねない。

「ありえないこと」「一部の人たちの特殊な事件では」「私には関係ない」と言っているうちに、私たちが「社会の当たり前」としてきた、働き手を支えるたくさんのものが、静かに破壊されようとしているのではないのか。

一体、働く世界でいま、何が起きているのか。それを見極めるにはまず、このひっそりと進む労組破壊の世界に分け入ってみるしかない。とにかく、取材を始めてみよう——。

「なぜ?」の束に押しつぶされそうになりながら、私は事件の現場へと足を踏み出した。

目次◎ 増補版 賃金破壊——労働運動を「犯罪」にする国

第4章 労働分野の解釈改憲

第5章 経営側は何を恐れたのか 153

第6章 影の主役としてのメディア 189

第7章 労働者が国を訴えた日 217

補章

反攻の始まり

第1章

「賃金が上がらない国」の底で

［写真］工事現場で生コンを荷下ろしするミキサー車運転手＝ 2019 年 10 月、大阪府内で撮影

二〇一九年一〇月、肌がひりひりするような快晴の日差しの中を、私は京都駅に降り立った。「関生支部《かんなま》」の組合員が大量逮捕された「関西生コン事件」について、関係者の家族や同僚たちに話を聞くためだった。

「関西生コン事件」について周囲の人々に話した時の「労組がどうなろうとカンケイない」という言葉が、私の中で、長く引っかかっていた。労組は、本当に私たちの生活に「カンケイない」ものなのか。大量逮捕による人権侵害は、もちろん問われなければならない。だが、それ以上に、これによって壊される労組や労働基本権は、本当に「どうなろうとカンケイない」ようなものなのか。

今回の組合員の大量逮捕で、その家族たちや、関西地域の生コンクリート業界で働く人々の生活全般がどう変わったのか。いや、変わらなかったのか。事件の取材に先立って、まず、こうした「普通の人々」の実情をつかんでおかなければならないと思った。

早朝のインターホン

京都入りの前、私は関生支部についての駆け込み勉強に追われていた。

家電製品やファッションなどの日常的な製品ならいざしらず、一般の人々は、生コン業界の仕事の詳細について、あまりふれる機会がない。まして労組となると、事件の手前で思考停止してしまう。それが、今回の静かで大規模な逮捕劇のひとつの原因かもしれない。

私自身、東京を拠点に取材していて関生支部についてはほとんど知らなかった。

前章で述べた連帯ユニオンは、セメント、生コン、砂利などを建設現場に運ぶ運転手や、クレーンなど重機のオペレーターが個人で加入する全国規模の「産別労組《さんべつろうそ》」である。関生支部はその中心的位置を占める支部だ。大阪、兵庫、京都、滋賀、奈良、和歌山の近畿二府四県にまたがって、約二〇〇か所の生コン職場の運転手や関連労働者が、勤め先の企業にかかわりなく、また、非正規の中でも特に立場が弱いとされる日々雇用労働者も含めて、個人で加入している。

ここまで来ると、次は、ん？　産別労組？　という疑問がわいてくるだろう。

産別労組とは産業別労働組合の略で、労組には企業ごとの「企業別労組」と、産業全体をカバーする産別労組がある。日本の労組の大半は企業別労組が基本単位だから、産別労組は、個々の独立した企業別労組のネットワークのようなものが少なくない。一方、海外の産別労組は、日本のような企業別労組の集合体ではなく、業界内の労働者が直接加入するのが基本だ。労働者は、この産別労組を通じて、雇用されている企業の経営者たちや業界内の経営者集団と交渉することになる。

その意味で、個々の運転手らが企業を越えて直接加入する連帯ユニオンや関生支部は海外の産別労組に近い。日本社会では珍しい国際基準の産別労組といっていい。ちなみに日本の労働組合法では、企業別も産別も労組として認められている。

新幹線内でそんな予備知識を反芻しつつ到着した京都駅で、私を待っていたのは、四〇代から五〇代前半の二人の女性と一人の男性だった。

三人は、いずれも関生支部のミキサー車の運転手だった。

建設現場で働く運転手は男性、となんとなく思い込んでいたが、三人によると、業界では女性の運転手も多く、関生支部の中心的な活動も担っているという。二人の女性のうちの一人、松尾聖子は、夫もその親族もミキサー車の運転手で、夫の親族が、この事件で逮捕されていた。取材は、その松尾の体験談から始まった。

事件の発端は二〇一七年一二月一二日、関生支部が行ったゼネストだった。このストライキは、関生支部と、港で働く労働者らが加入する産別労組「全日本港湾労働組合（全港湾）大阪支部」が協力し、セメント・生コン輸送の運賃の引き上げなどを求めて行われた。近畿全域のセメント出荷基地と生コン工場で、ミキサー車など計一五〇〇台の運行を止めるという、近年にない大規模なものだった。

このストライキなどにかかわった組合員が、「威力業務妨害」「恐喝」「強要」などの容疑で二府二県の警察署によって相次いで逮捕され始めたのは、それから半年以上も後の二〇一八年七月からだった。

労組によるストライキや団体交渉は、働き手の生活向上へ向けた労働基本権として憲法二八条でも労働組合法でも認められていたのではないのか——。松尾はそう思ったが、呆然と成り行きを見守るしかなかった。

逮捕は続き、二〇一九年末までで、逮捕者は、委員長、副委員長を含め、延べ八九人、このうち延べ七一人が起訴される事件に発展する。自宅を捜索されたり、「労組か、仕事か」と迫られたりする組合員も相次いだ。

そんな最中の二〇一九年四月早朝、松尾の自宅のインターホンが突然鳴った。ドアを開けると滋賀県警と名乗る警察官たちから捜索令状が示された。松尾の親族は、前年の二〇一八年八月に滋賀県警に逮捕され、保釈後の一一月、またしても逮捕されて勾留されるという体験をしている。だが、いずれも起訴が決まり、すでに保釈されていた。ところが、その朝やってきた滋賀県警は、すでに事件としては決着しているはずの、この親族のついての事件で捜索に来たと言った。

これ以上、何を調べるのかといぶかる松尾の横で、警察官たちはベランダにあるエアコン室外機の下をさぐり、その手で、箪笥に入った松尾の女性用下着もかき回した。「下着が汚れる」とはらはらしたが、見守るしかなかった。自宅にあった労組関係の機関紙や松尾夫妻の携帯電話などを押収し、捜索員は引き上げていった。

保釈されていた親族は、この捜索の二か月後の六月、今度は京都府警に逮捕された。次々と隣の人にボールが投げ渡され、ボールは地面に落ちないゲームのように、親族は警察署から警察署へと送られ、社会生活が送れなくなっていた。京都府警の事件も起訴が決まり、同年一〇月、ようやく保釈されたものの、親族はついに関生支部を脱退した。

シングルマザーが自立できる職場

松尾が日々雇用のミキサー車運転手として働き始めたのは、二〇代だった一九九〇年代末のことだ。

高校卒業後、滋賀県内のクリニックで医療事務の仕事に就き、結婚した。双子を含め三人の子どもを持ったが、双子の一人は難病だった。その看護に追われて夫としっくりいかなくなり、一九九七年、子どもたちを抱えて離婚した。

病気の子の看護のためフルタイムでは働けず、生活保護も受けた。何とか自立したいと仕事を探したが、シングルマザーというだけで敬遠されてしまう。そんなとき、相談した友人に「知り合いの生コン会社でミキサー車に乗っていた女性が辞める。空きができるから応募してみたら」と言われた。

松尾の職場では、働き始めたころから小型車七台のうち四台は女性が乗っていた。生コンは流動物だ。固形物とは異なり、積み込むときは、プラントで練り混ぜられた生コンがミキサー車後部にあるじょうご型のホッパーに落とし込まれ、到着した建設現場で、空気圧送装置を装備した圧送車（ポンプ車ともいう）で型枠に流し込む形で行われる。

「他の運送業のような人力での荷の積み下ろしがないので、意外に女性向きなんですよ」と松尾は笑う。

働き始めて驚いたのは、賃金の水準だった。定時の朝八時から夕方五時まで働けば、所定内賃金だけで月二三万円になった。残業も月に二〜三回程度で残業代はもちろん払われる。月二回ほどある休日出勤の手当てや、欠勤なしで働いた時の皆勤手当てを合わせると、計二七万円程度になった。フルタイムで働いても月一二〜一三万円程度だった医療事務とは、格段の差だ。経済的自立と子育ての両方が可能な働き方を実現できる職場にようやくめぐりあえた、と思った。

二〇〇二年、納得できない賃金カットがあり、松尾は関生支部に加入した。同年、現場に出入りする零細個人事業主の作業員との小さないざこざで、けがをさせられた。現場を管理すべき建設会社に再発防止を求めようと、関生支部を通じて交渉し、解決した。二〇〇七年には、会社専属の日々雇用から、正社員になった。労使交渉で、他の組合員との賃金格差も是正させていった。やがて、別の生コン会社で働く運転手と出会い、再婚した。今の夫だ。

こうしたなかで松尾は、自らが体験した労働条件は、個人でも加入でき、企業を横断して労働条件を決めることができる産別労組の存在が支えていると、気づき始めた。

日本では先に述べたように、ほとんどが企業別労組だ。ここでは、「ほかの企業との競争に負けるから待遇改善は無理、負けたらお前の仕事もなくなる」と言われ、そうなると、労働者はモノを言いにくくなる。業界全体が同じ労働条件で働くことになる産別労組では、そうした企業側の言いわけは通用しない。

同一労働同一賃金も保障されやすい。会社別ではなく、仕事内容と熟練度で賃金が決まれば、女性でも日々雇用でも同一賃金となるからだ。それらが、シングルマザーであることによる壁を引き下げていた。

こうして引き上げられた労組内の働き手の賃金水準が、地域全体の「相場」も引き上げ、それが、当初、労組に加入していなかった松尾の賃金を支えていたこともわかってきた。

「労組の意見は会社に必要」

記者になったばかりの一九七〇年代末、私は配属先の水戸支局でダンプカーの過積載問題を取材するため、助手席に乗ったことがある。その記憶から、生コン輸送にも「男性しか従事できない荒っぽい肉体労働」という漠然とした固定観念を持っていた。松尾の話から、生コン業界について何も知らない自分に気づいた。ミキサー車に乗ってみなければ、と思った。

松尾らと会った二〇一九年一〇月、近畿地区の生コン会社の協力で、ミキサー車への同乗が実現した。ただの現場見学なのだが、「関生支部組合員の逮捕が続いており、面倒に巻き込まれたくないので会社名は伏せてほしい」と条件を付けられた。大量の逮捕は、ここまで人々を萎縮させていたのだった。

最寄りの駅で、待ち合わせの車に乗り、市街地を抜けると、山の中に生コン会社の特徴である背の高いプラントが見えてきた。ミキサー車が入ってきては、生コンを積み込んで出ていく様子が見える。

まず、工場長の案内で工場内を回った。

コンクリートは、石灰を砕いたセメントを結合材料に、砂利や砂、砕石などの「骨材」を混ぜて固める。生コン業界は、このセメントを大手セメントメーカーから購入し、大手ゼネコンなどの建設会社の注文に見合った生コンを製造して販売する。

配合によって、生コンは強度も固さも変わってくる。固すぎれば流し込むのに時間がかかりすぎ、柔らかすぎれば流れてしまう。建設会社の発注に合わせて計器で配合や量を確認しながら、それぞれの建造物にふさわしい固さや強度の生コンをバッチャープラントという装置で練り混ぜる。

運転手らは、これらの注文に沿った配合の生コンを、固まってしまう前に現場に運び込まねばならない。

説明に出てきた経営者は、「かつては『生コン屋』呼ばわりされたが、今は社員が働きやすい職場のために投資して効率を上げ、利益を上げる業界に変わった」と言った。

たとえば、無線で位置を報告しようと片手運転すれば事故のもとになる。これを防ぐためにＧＰＳ（位置情報計測システム）を導入した。生コンの検査員の資格を取りたい運転手がいれば、働く合間に勉強できるよう部屋を確保するなどして支援する。水の配合が変わると必要な強度が変化し建設物が脆弱になりかねないが、生コンの性質を知らないと、運転手は、建設現場でゼネコン側から加工しやすくするために水を加えたいと言われても、断れない。製品の品質保持と会社の信用のためには、そうした専門知識が有効、というのだ。

説明が終わり、ミキサー車に乗り込もうと部屋を出るとき、経営者は、一瞬のためらいを振り切るようにして言った。

「こうした会社の質の向上のために労組は必要だと思っている。どうすれば働きやすくなるかを知っているのは社員。でも労組がなければ、会社に気兼ねして、そうした声は出てこない。労使交渉での意見は、会社の重要情報だ」。

ワークライフバランスの獲得

乗り込もうとして近づくと、ミキサー車は、身の丈を上回るほどの車高があった。会社が貸してくれたヘルメットと長靴を着用し、車にとりつけられた梯子をよじのぼるようにして助手席に転がり込んだ。「ベテランだから」と工場長から紹介された制服姿の男性運転手が、運転席で待っていた。

建設現場に向かう車中で、「苦労する点は?」と聞いてみた。

肉体的にはさほど過重ではないが、品質が変化しないよう、九〇分以内に現場に届けなければならないことと、生コンを荷下ろししたあとのミキサーの洗浄には気を遣う、と運転手は言った。ドラム内に生コンが残っていると、この中の石灰が水を吸うため、新しく積む生コンの品質が変わってしまう。そこで、運んだあとで必ず洗い場で水を入れて高速回転させて洗浄し、水を吐き出させる「うがい」を行う。それでも残った生コンがこびりつくので、半年に一回の定期点検でハンマーなどでたたいて取る。この大音響で耳を悪くすることもあるから注意が必要だ。

結構、恵まれた職場みたいですね、と言うと「関西は賃金が高いんですよ」という答えが返ってきた。

バブル崩壊以来の人件費削減路線で業界全体では正社員運転手は減らされ続けてきた。たとえば関東では、配車担当や製造・試験担当など内勤労働者だけが生コン会社の正社員で、運転手は低賃金で不安定な日々雇用が一般的だ。関西では、正社員運転手が、まだ三割を占めている。

運転手の元気な横顔をながめながら、私はドキュメンタリー映画「フツーの仕事がしたい」に登場する皆倉信和の、土気色の顔を思い浮かべていた。

皆倉は、関東の建設業界でセメントを運ぶトラック運転手だ。最長で月五五〇時間を超す残業を強いられ、労働条件の是正を求めて二〇〇六年、連帯ユニオンに加入する。

勤め先の運送会社は暴力も用いて労組からの脱退を迫るが、皆倉はめげず、親会社の財閥系大手セメント会社にも待遇改善を求めていく。低賃金と長時間労働は、根底に、親会社が下請けに求めてきた低コスト路線があるからだ。要求は実り、大手セメント会社などによって、まともな労働時間で働ける新しい運送会社が設立される。

このような過酷な労働条件がたたってか、皆倉は、私がミキサー車に同乗した一〇日後、仕事先のセメントの出荷基地で、四九歳の若さで急死した。「残業の少ない関西地区」は、こうした連帯ユニオンの活動の一環としてできあがっていた。

松尾とともに京都駅で会った二人目の女性運転手、田中順子は、髪が長く、スリムで颯爽とした雰囲気があった。短大生活に飽き足らず中退して就職。稼いだ資金で北海道を単身、野宿も交えて大好きなバイクでツアーした経験もある「運転大好きオンナ」だ。

松尾より六歳年長で、子ども一人を抱えるシングルマザーとして二〇〇〇年代始め、三〇代でミキサー車の運転手になった。その後、現場で知り合った同業の運転手と再婚している。

初めての給料明細を見たとき、田中も「これまでの低賃金は何やったんや」と目を疑ったという。だが、それ以上にうれしかったのは、午前八時から午後五時までの定時で帰れる労働条件だった。

残業は月に二、三日程度で、予定外の残業は堂々と断れる。戻る時間が予定より少し遅れ、お迎えに間に合わせようとミキサー車で保育園に乗り付け、他の父母や保育士を驚かせたこともある。

最初の結婚では、昼は自営業の夫に子育てを頼み、各地の自動販売機に車で商品を運んでは補充するバイトで家計を支えた。夜は育児の傍ら夫の店を手伝った。家計収入は大きく増えた。だが、昼夜を問わない労働で、過労から夫との関係がこじれ、離婚した。

離婚話が出たころ、後の生活保障に役立つのではと、独学で一〇回の挑戦の末に大型免許の資格を取り、日々雇用の運転手から出発して正社員運転手になった。

だが、田中よりずっと前の時代の運転手たちは、大手ゼネコンの求めるままに、変則的な時間での運送を引き受けていた。生コン業界は零細企業が多く、原価計算なしに量的拡大のみを追求する傾向が支配的で、とにかく仕事を取ることに懸命だったからだ。

そんな業界で、関生支部は団体交渉を通じ、量的拡大一辺倒の悪循環を断つ必要性を提起した。工場が休みの日に突然の出荷要請が来れば、少ない量を製造・運搬するため、関係する作業者が何人も出勤しなければならない。額面通り賃金を払えば会社は赤字になる。それを防ごうと、会社側は運転手に「サービス労働」を求める。働き手は疲弊し、生産性は下がる。

一方、休日はしっかり休みつつ、買い手のゼネコンなどと交渉して平日に運ぶ生コンの単価を引き上げれば、会社も運転手も潤う。

安値労働に依存するのでなく、労組の監視を通じて業界全体で労働時間の順守を励行し、質の高い労働を担保する方向へと、ストも交えて会社を説得し、一九九四年に隔週週休二日制が実現した。「シングルマザーが自立できる労働条件」は、それらの積み重ねの結果だった。

松尾や田中らが所属する青年女性部は、女性要求も実現させている。有給の生理休暇を月二日間保障させ、建設現場に女子トイレを設置させた。会社の就業規則に規定があっても取れなかった女性社員たちが、組合の交渉によって安心して生理休暇を取るようになった。松尾も子宮内膜症などの持病で生理時は出血が多く、作業ズボンを汚して恥ずかしい思いをすることがあった。「男社会の職場での生理休暇は本当にありがたかった」と振り返る。

二〇一七年には一人年間一二日間の介護休暇が有給で認められた。「最初、親の介護で五日の介護休暇をくれと会社に頼んだら、断られた。そこで、労組を通じて要求したら、一二日が実現した。やる気になればできるんですよね」と田中は言う。

二人の話は、日本社会を覆う「シングルマザーの低賃金」の背景にあるものを浮かび上がらせる。企業別労組では、企業間の競争を理由に、子育てもできる労働時間の確立を置き去りにしがちだ。その結果、シングルマザーは「お荷物」扱いとなる。言いわけとして、「子持ち女性は生産性が低い」「だから安くても仕方ない」という社会の偏見が、フルに利用される。

横つながりで買いたたきを防ぐ

とはいうものの、その原資はどうするのか。働き手が配分要求を強めれば、利益の少ない零細企業が多い生コン業界は持ちこたえられず、労使共倒れになる恐れはないのか。

図表1のような業界の構造では、生コン工場を運営する会社に対するゼネコンの支払いが少なければ、ミキサー車運転手を抱える下請け運送会社は賃金を増やしたくてもできない。また、大

図表1 ◉生コン業界見取図

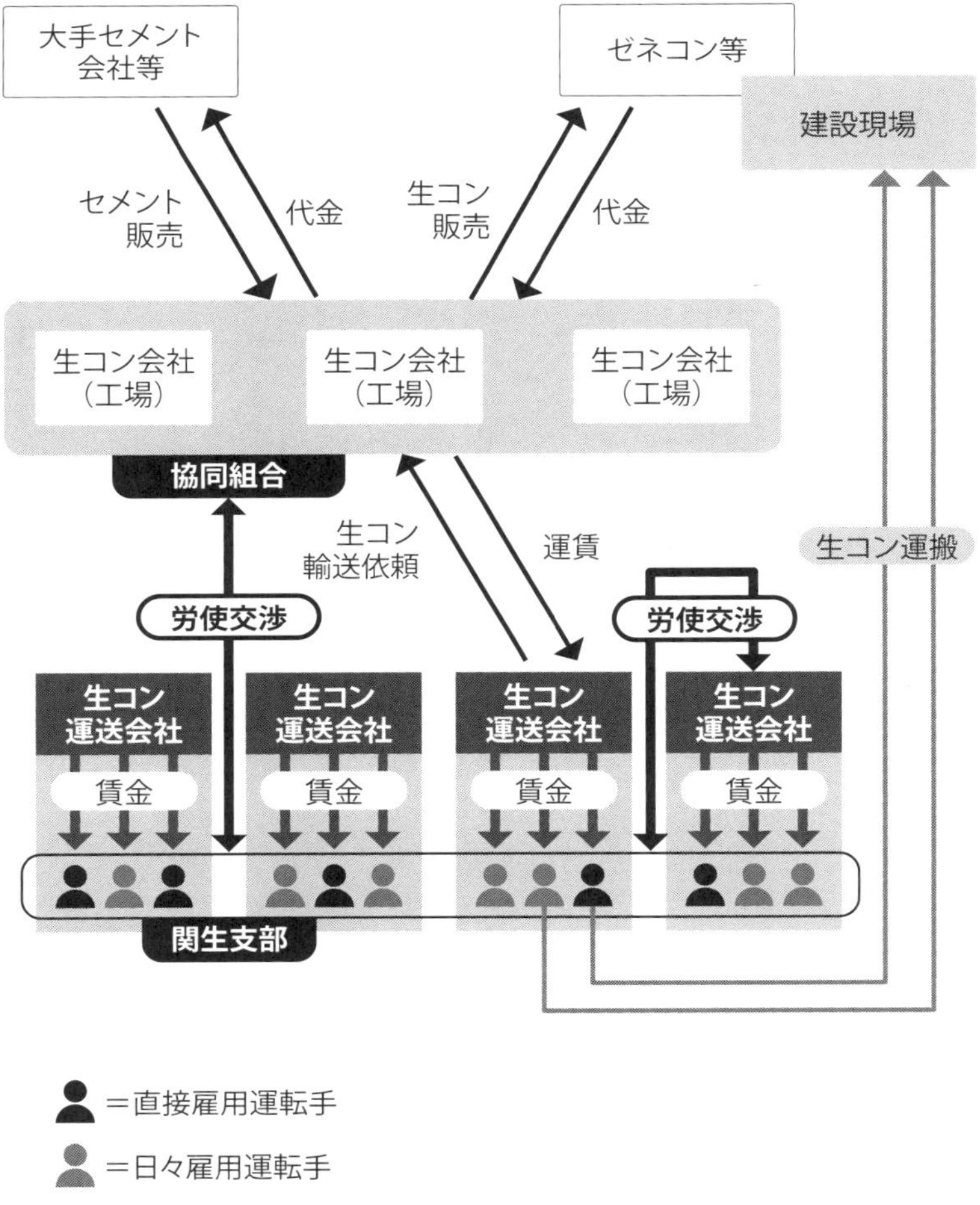

手ゼネコンとミキサー車運転手とは法的な雇用関係はないから、大手の利益が上がっても下請けの労働者たちに払う義理はないと言われてしまう。

大手は、下請けを設立させて仕事を委託しさえすれば、合法的に、円滑に人件費を節約できる。他の業界でも、多くの下請け企業が、その構造に悩まされてきた。最近ではさらに、社員も「個人事業主」扱いとすることで雇用責任を逃れ、同様の節約を図ろうとする動きも広がりつつある。

組合員たちに取材していくうちに見えてきたのは、そうした関係を飛び越えるため、関生支部がアクロバットともいえる交渉方法を開発してきたことだった。まず、直接の雇い主である中小零細の生コン会社に地域ごとの協同組合（協組）としてまとまるよう働きかける。これら協組が大手ゼネコン会社に対し、一体となって販売価格の引き上げを求め、その成果を賃上げとして各社で働く運転手らに還元させる。

これだと、どの会社も同じ価格なので、ゼネコンは値切りようがない。活用されたのは、次のような通産省（現経産省）による、一九七〇年代の生コン業界再建へ向けた産業政策だった。

高度経済成長の下、建設ラッシュのなかで中小零細生コン会社が乱立し、一九七三年の第一次オイルショック後の景気の落ち込みで、業界は乱売合戦に陥った。安値販売は、水増しなどによる粗悪な「シャブコン」と呼ばれる生コンをのさばらせる。そうなれば、公共事業も含め、危険な建設物が相次いで生まれることになる。社会問題である。これを恐れる通産省のおぜん立てで一九七六年、業界に「生コン近代化委員会」が設立され、生コンの適正価格の実現へ向けた工場の「適正配置」を目指し、「構造改善事業」が始まる。

生コン会社はこの仕組みを生かして協同組合をつくり、過剰設備を共同廃棄して供給過剰に歯止めをかけることになる。「競争の適正化」（当時の通産官僚の言葉）だ。

だが、協組外の企業（アウト企業）の安売りは後を絶たず、特にバブル崩壊後の公共工事の落ち込みのなかで、業界は深刻な乱売合戦と経営危機の繰り返しへと落ち込んでいく。

そんな業界の立て直しを目指した近畿地区の一部業者たちが関生支部に協力を求め、関生支部は、労組に保障された労働基本権を生かして、団体交渉やストなども行いつつ近畿圏の企業に協同組合への加入を働きかけ始める。企業内労組にはない、会社を越えた産別労組ならではの活動だった。

こうして、会社側による「協同組合」が生コン安売り競争を抑制し、労働側の「産別労組」が、労働者間の労働力安売り競争を防ぎつつ協組への加入を各企業に働きかける。そんな「二つの組合」の競争抑制へ向けた生き残り策が始まる。

こうした関生支部の手法を、同支部の武建一委員長は「一面闘争、一面共闘」と呼んだ。中小零細生コン会社は、働き手の賃金を買いたたいて利益を増やそうとする存在だ。だが、同時に、大手から販売価格を買いたたかれて利益を削られ、働き手の運賃引き下げを余儀なくさせられる存在でもある。こうした雇用主の二面性に着目し、雇用主の販売価格の引き上げ要求を支えて大手企業から利益を吐き出させ（＝共闘）、労使交渉を通じて、増えた利益を運賃として分配させる（＝闘争）作戦だ。中小下請けをまとめて要求する力を強めることで、大手の利益を還元させ、増えた利益を一線の働き手の賃上げに回させる二段構えの戦略が、業界の二重構造による賃金抑制や、「原資が足りない」論を飛び越えさせた。

これらの活動のなかで、図表2のように、近畿地区の生コン価格は二〇〇〇年以降、東京や首都圏を大きく上回る水準で推移し、その利益を還元させることで、事件の直前には、松尾や田中などの運転手らの年収は、六〇〇万円から八〇〇万円の水準に達した。

なかでも大阪府下の企業は二〇一五年、「大同団結」として、「大阪広域協組」へのほぼ一〇〇％加入を達成し、業界は空前の利益を上げていた。二〇一七年一二月一二日のゼネストは、このような大阪広域協組に、利益還元の約束の順守を迫るものだった。

雇用の受け皿目指し会社をつくらせる

松尾や田中の労働条件は、関生支部のもうひとつの戦略によっても支えられてきた。体力の弱い中小零細企業が直接の雇用主である運転手たちは、解雇や雇い止め、倒産による失業の憂き目にあいやすい。そのため、直接の雇用主である中小零細企業を飛び越え、体力のある親会社と交渉して、運転手たちの待遇改善や雇用保障を求める手法が取られてきた。二人が働いてきた生コン運送会社「バード」も、こうした手法によって生まれた。

図表2◉協同組合と労働組合の協力関係で価格適正化が実現

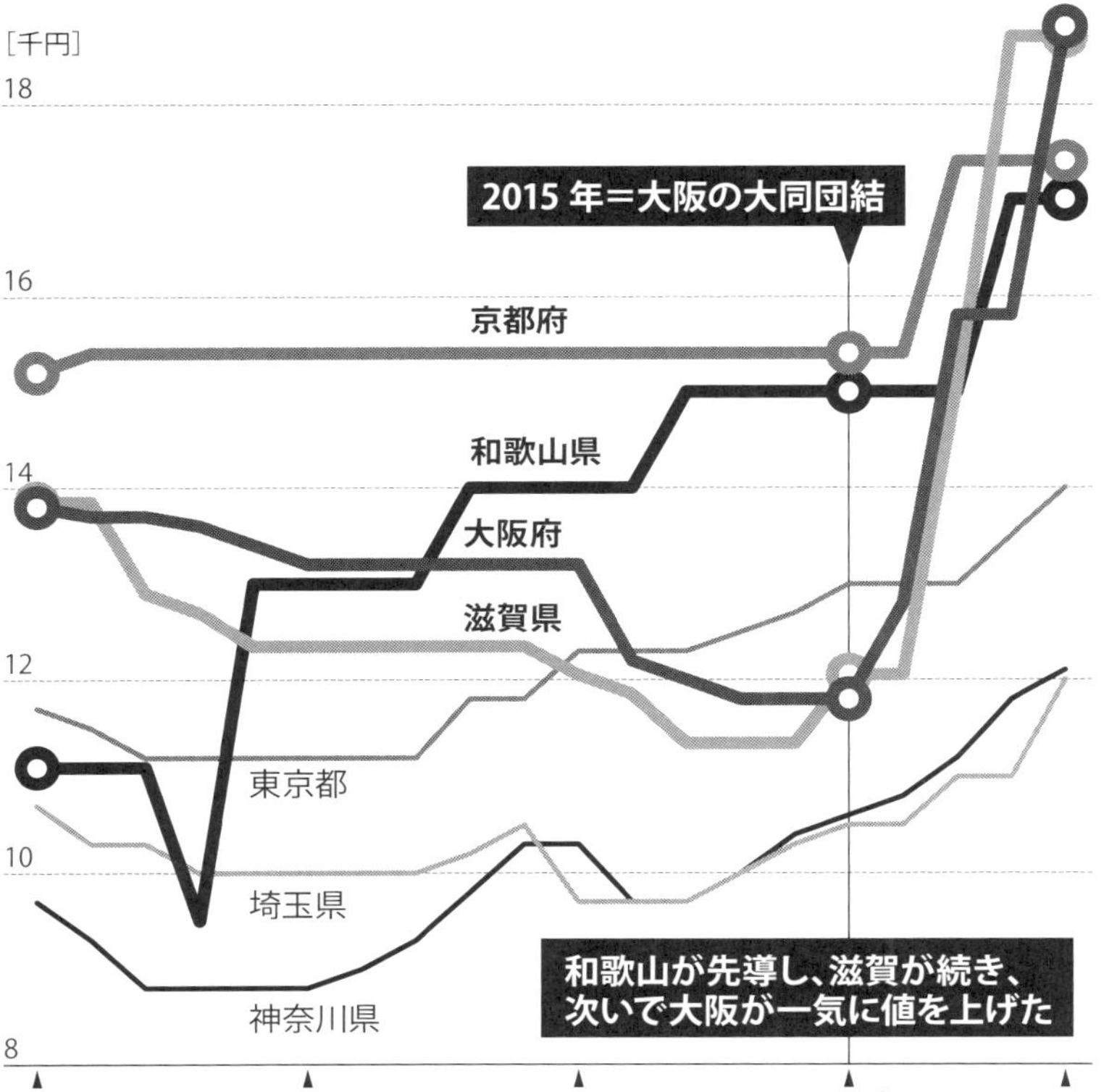

2015年 ⬇ 2019年	大阪 11,800円 ➡18,800円	滋賀 12,050円 ➡18,700円
	京都 15,400円 ➡17,400円	和歌山 15,000円 ➡17,000円

各都道府県の県庁所在地における取引価格の推移。
財団法人建設物価調査会『月刊建設物価』各年11月号掲載の調査価格をもとに作成。
出所：関西生コン弁護団「弁論要旨」2021年3月30日。

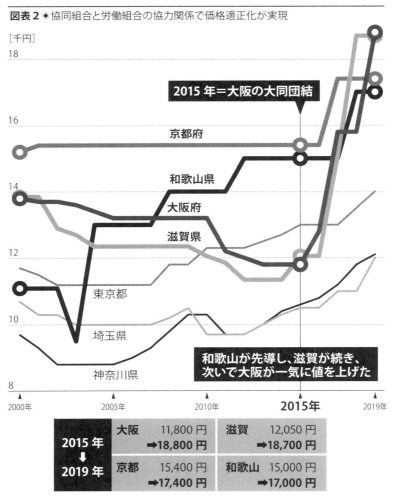

一九八〇年代、小野田セメントの特約販売店「灰孝本店」傘下の生コン製造販売会社で働く関生支部の運転手との間で労使紛争が起きた。「灰孝」側は、「労務屋」を導入して労使協定の破棄や嫌がらせ、運転手の解雇、労働条件の切り下げなどを行い、関生支部も、スト、取引先への要請行動などで対抗、まれにみる激しい争議となった。それらすべての紛争は、一九九二年、京都地裁での和解で決着する。その和解条件として、九三年、解雇を受け入れる代わりに関生支部運転手二一人の雇用の受け皿として親会社「灰孝」などに新しく設立させた運送会社が、「バード」だった。[*1]

映画「フツーの仕事がしたい」でも、同様の手法による新運送会社の設立が描かれる。この事件での直接の雇い主は、労務管理に暴力的集団を利用して働き手を威圧し、抑え込むような零細運送会社だ。だが、コストの削減のためこうした企業に輸送を委ねていた業界大手の住友セメント会社に対し、連帯ユニオンは労使交渉を通じ、一日八時間労働で生活できる賃金水準を保障した新会社の設立を約束させ、運転手らをそこに移籍させる。それが、この映画の結末だった。

松尾も田中も、そうした労働環境のなかで、子育てと運転手稼業を両立しつつ、生活を向上させてきた。二人の話を聞いているうち、日々雇用という究極の非正規の労働問題や、日本社会が抱える女性労働者の働きにくさの底にある、企業間競争を口実にした働き手の労働条件の切り下げの根にあるものが、見えてきた気がした。

日本では、賃金の低下について、グローバル化による企業利益の低下に原因を求める声が目立つ。だが、同じグローバル化のなかでも、一九九七年以降、賃金がほぼ下がり続けている先進国は日本だけだ（図表3）。一方、日本国内の上場企業の純利益は、ゼネストが行われた二〇一七年度、前年度より一八％増加して過去最高を記録し、また、ゼネコン業界の利益も過去最高に達している。

賃金が上がらない理由は、グローバル化というより、企業が上げた利益を「競争力強化」に回すため、労組をはじめとする、賃上げを可能にするさまざまな仕組みを壊し続けてきた政策にこそあるのではないのか。

拙著『ルポ雇用劣化不況』[*2]の取材で出会った富士通総研の専務理事、根津利三郎は、高度成長期に通産官僚として活躍した。根津は、当時の経営者の頭の中には、内部留保と投資のために企業に三分の一、配当として株主に三分の一、労働者には賃金として三分の一という利益三分割の発想があったと語った。それが賃上げによる消費の活性化をもたらし、高度成長を支えたというのだ。

だが、一九九〇年代末以降の労働政策では、非正規労働の増大と、正社員の成果主義などによって、利益が賃金に回らない構造がつくられ、日本は賃金デフレの泥沼から這い上がれなくなった。それを私は、「雇用劣化不況」と名付けた。

二〇一〇年、日鉄技術情報センターチーフエコノミストだった北井義久は、「日本に必要な成

図表 3 ◉実質賃金の推移の国際比較

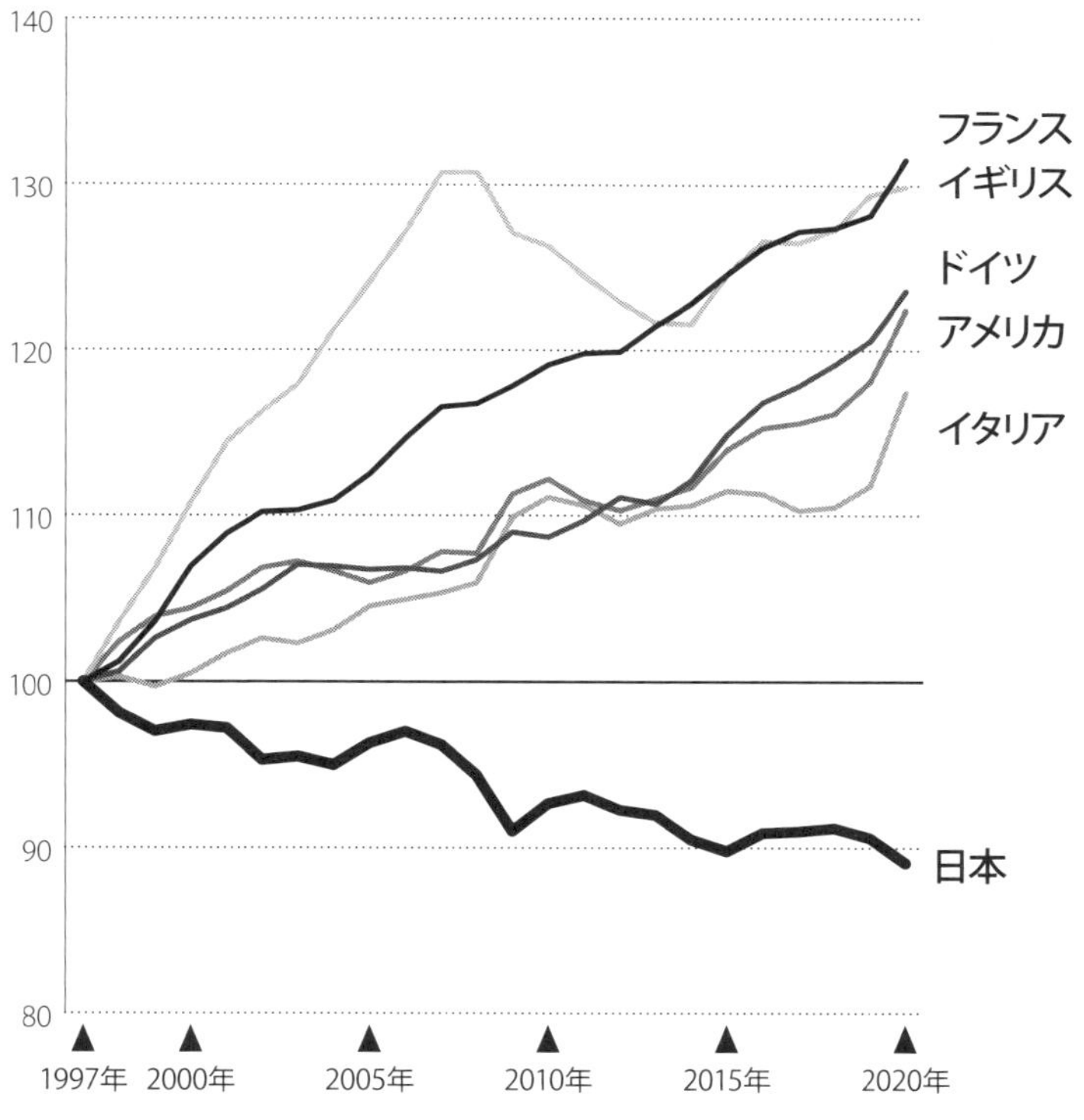

［出所］井上伸氏作成。OECD.stat の「Hourly Eamings(MEI)」と
「消費者物価指数 (CPI)」から実質賃金を算出し 1997 年を 100 とした場合の推移。

長戦略とは『賃上げターゲット』政策だ」[*3]と題する論文を発表している。北井は、日本が先進国のなかで最も賃金抑制に成功した理由が一九九〇年代半ば以降、徐々に企業・労働者の交渉力を企業に有利な方向に変化させてきたことにあるとし、「時間をかけて真綿で首を絞めるようにさまざまな政策が導入されたことで企業の雇用調整能力は高まり、労働者に雇用と賃金の二者択一を迫ることが容易になった」とする。

北井はそのひとつとして、二〇〇一年の会社法改正による会社分割制度のスタートを取り上げ、「中長期的な賃金抑制とそれによる企業収益の向上を目指した会社分割がこの一〇年間で数多く実施されており、会社分割後に時間をかけて賃金切り下げや人員整理が行われていると指摘されている」と述べている。

派遣労働をはじめとする非正規労働の規制緩和だけでなく、企業利益にそぐわないものは企業の外に出し、労組の圧力が及びにくい仕組みを築いてきた企業政策の結果の賃金デフレということだ。

第二次安倍政権は、こうした賃金デフレの克服を目指して「賃上げ」を掲げ、さらに「残業規制」「女性活躍」も約束した。関生支部は、労組の活動を通じて、賃上げも、残業規制も、シングルマザーの経済的自立という「女性活躍」も、実現した。

だが、それらは二〇一九年七月、京都地区の生コン会社による協同組合「京都生コン協同組合」による「関生支部との絶縁」を申し合わせる特別決議によって断ち切られる。警察による関生支部員の大量逮捕と、これと歩調を合わせたかのような経営側の決議をもとに、「バード」など関生支部員が多数働く運送会社に、契約の解除が通告されたからだ。

京都駅で会った三人のうちの男性運転手、森下明彦は、一九八〇年代に高校を卒業し、関生支部の紹介でミキサー車運転手となった。「灰孝闘争」では二〇代で原告の一人に加わり、和解で新設されたバードへ移籍した。京都協組の決議から一か月後の二〇一九年八月、この森下に「輸送契約の解除で仕事がなくなった」として、自宅待機命令が舞い込んだ。待機期間の賃金は満額払うとされたものの、「退職すれば高額の退職金を払う」「連帯ユニオン系労組のない会社に移れば仕事を出す」と会社に言われ、多くの社員は他社に移っていった。

前年からの組合員の大量逮捕を聞いていた森下は、「やはり来たか」と思った。だが同時に、一九八〇年代以来、組合活動を通じて築いてきた自分の人生が、一挙に覆ったような感覚も味わっていた。

三〇代だった一九九五年、森下は、阪神大震災で、高速道路をはじめとする大規模な建造物があっけなく倒壊するのを見た。当時、千葉工業大学教授だった故・小林一輔らは、地震の規模の大きさより、生コンの品質不良によるコンクリートの早期劣化にこそ原因があったのではないかと指摘した。[*4]

そうした反省に立って、関生支部は会社が利益に走って生コンの品質を落とさないよう監視してきた。そのためにも、組合員は問題点を会社に指摘できる知識とプライド、生活の安定を保てる収入を持つ必要がある、と森下は、組合活動を通じて教えられてきた。空のパイロットは高給が当然視されるが、ミキサー運転手は運搬する生コンの質が建造物の安全を左右する「陸のパイロット」だ、ひるまず賃上げを求めろ、とも励まされた。

いま、子どもたちが大学、高校の入学期にさしかかっている。教育費がかさむ時期の仕事の打ち切りに、家族も動揺している。だが、労組の要求による生活の向上を体感してきたパート勤めの妻は、森下にこう言った。

「あんた、こんなことで組合やめたりしたら離婚だからね」

冒頭の松尾の一家もいま、夫や親族とその父、自身の四人すべてが仕事を打ち切られ、ローンの支払いが滞って自宅を売却し、実家に引っ越した。そんな周囲の姿に、田中は言った。

「私らのような末端のモンが何を言うかと笑われるかもしれないけど、会社を越えて働き手が作ってきた産別労組だから、会社がなくなっても労組はなくならないと思ってきた。会社がつぶれても、『バード』のように、労組を通じて雇用の受け皿が用意できる、だから、簡単にクビにされる日雇いでも安心して働き続けられると思ってきた。それなのに、待遇改善を求めただけでこんな目にあうなんて」

「これまで、あまりのことになんだかぼーっとしていた。いま、やっと、怒りがこみあげ始めています」

二〇一九年一二月、「バード」は破産を申し立て、従業員全員を丸ごと解雇した。関生支部は、組合員排除のための偽装倒産による不当労働行為だとして、大阪府労働委員会に申し立てている。

すごい近いところにいるのに、すごい遠い労組

いま賃上げの切り札となっている最低賃金は、労組の賃上げ交渉が及ばない働き手の賃金を法律の力で底上げできる効率のいい方法だ。だが同時に、体力の弱い企業には負担が大きい。一方、労組は、交渉を通じて利益の上がっている企業の働き手への配分を増やす形で、働き手の「賃上げ装置」として機能しうる。その意味で、企業の余力に応じた分配がききやすく、デフレに対抗する仕組みとして有効だ。今回の事件では、そうした仕組みがつぶされた。繰り返しになるが、組合活動を保障する労働基本権は憲法二八条と労働組合法に明記され、いまも改定されたわけではない。それなのになぜ、空前の大量逮捕は起きたのか。

政府は賃上げ政策を掲げた。だが、そんな建前を実行しようとした労組に、政府の機関である警察が介入する。それは「建前を本気にするやつがあるか」ということなのか。

京都での取材から戻って四か月ほどたったころ、若者のための労組の機関誌で、非正規として働き続けてきたという二人の女性の対談記事を目にした。そこには、「すごい近いところにいるのに、すごい遠い労働組合と反貧困運動」の小見出しに続いて、次のようなやりとりが展開され

ていた。*5

「二〇代、三〇代と非正規で働いてきて、『これおかしいんじゃないのかな』『なんでこんなに簡単に切られるのかな』と思って『組合あったらな』と思っていたんですけど自分は入れないんですよね。職場のデパートとか会社には正社員の人たちが入っている組合があって、でも私たちはそこには入れない。（中略）何のために組合があるの？と思って」

「パートの組合に入ってたこともあるんですけど、結局組合費だけ取られて何してたのかわからない」

「『組合あるんだ、いいですね』と言ったら『でも派遣はダメですよ、正社員しか入れませんよ』というので〝知ってるけど〟と思いました。別の正社員の人が出産するからもうすぐ育休に入るという話のときにも『そういう制度ちゃんとしてる会社なんですね』と言ったら『派遣はダメです。派遣は子ども産むなら辞めなきゃいけない』と言われました」「(二〇〇八年の「年越し派遣村」も）ものすごい近いところにいるのに、すごい遠いこととして見てましたね」

厚労省の二〇一八年の「労働組合活動調査」では、パートや契約社員に参加資格がある労組は四割に満たない。派遣社員ではわずか五％。このようななかで、非正規を含めた賃上げに近づこうと本気の工夫を続ける労組は、人造の翼を工夫して太陽に近づきすぎ、その熱で翼の蝋が溶けて墜落した、ギリシャ神話のイカロスのようなものなのか。

「賃金が上がらない国」の底で、私は「被疑者」として事件の渦中に墜落させられたイカロスたちの話を聞いてみたいと思った。

＊1　『勝利への軌跡～5年9カ月（2142日）の闘争記録　灰孝闘争終結にあたって』全日本建設運輸連帯労働組合関西地区生コン支部発行、一九九三年。
＊2　竹信三恵子『雇用劣化不況』岩波新書、二〇〇九年。
＊3　「週刊エコノミスト」二〇一〇年一〇月二六日号。
＊4　小林一輔ほか『阪神大震災の教訓～【検証】建造物はなぜ壊れたのか』第三書館、一九九五年。
＊5　対談「非正規労働者のライフコース」『首都圏青年ユニオン　ニュースレター』二二六号（二〇二〇年二月二三日発行）。

第2章

労働運動が「犯罪」になった日

［写真］コンプライアンス活動のビラ配りの現場となったフジタ大阪支店前の通り
＝2021年9月、大阪・堂島で撮影

ベテラン弁護士を驚かせた捜査手法

二〇一九年一〇月、私は小雨の中を「関西生コン事件」の弁護団の永嶋靖久弁護士の事務所へ向かっていた。二府二県にまたがって大量の逮捕者を出し続け、かかわる弁護士の数も、その弁護活動のため出向く地域の広さも、半端ではない。現場に立ち会ってきた担当弁護士の目から事件の全体像を整理し、読み解いてもらわない限り、理解できるものではなかった。

事件は総計一一件にのぼるが、図表4にもあるように、次の四つに大別できる。

①滋賀県警　関生支部のコンプライアンス活動をめぐる逮捕
②大阪府警　二〇一七年一二月一二日のゼネストをめぐる逮捕
③京都府警　労働条件の改善などを求めての生コン会社への交渉などをめぐる逮捕
④和歌山県警　労組結成への広域協組側の対応についての抗議活動をめぐる逮捕

事務所のホワイトボードに事件名を次々と書き出しながら、永嶋は言った。「戦後の大きな労働事件と言うと、一九六〇年前後の三井三池争議や、一九八〇年代の国労事件があります。今回の事件の影響度はそれに匹敵する」

図表4◉関西生コン事件の全体像

コンプライアンス活動 ▶ **①滋賀県警（組織犯罪対策課）**

事件名	逮捕時期	逮捕人数(のべ)	逮捕理由
フジタ事件（1次〜5次）	2018年7月18日〜19年2月18日	組合員24人、事業者6人	恐喝未遂
セキスイハイム近畿事件	2018年11月27日	組合員8人	威力業務妨害
タイヨー生コン事件	2019年4月11日	組合員2人	恐喝
日本建設事件	2019年6月18日	組合員4人	威力業務妨害
東横イン電建事件	2019年7月17日	組合員4人	威力業務妨害
日本建設・東横イン電建事件	2019年8月20日	組合員1人	威力業務妨害

ストライキ ▶ **②大阪府警（警備部）**

事件名	逮捕時期	逮捕人数(のべ)	逮捕理由
宇部三菱大阪港ＳＳ事件と中央大阪生コン事件（3件）	2018年9月18日〜11月21日	組合員28人	威力業務妨害

団体交渉 ▶ **③京都府警（組織犯罪対策課）**

事件名	逮捕時期	逮捕人数(のべ)	逮捕理由
加茂生コン事件	2019年6月19日	組合員5人、事業者2人	強要未遂・恐喝未遂
近畿生コン事件	2019年7月17日	組合員2人	恐喝
ベストライナー事件	2019年9月4日	組合員2人	恐喝

抗議活動 ▶ **④和歌山県警（海南署）**

事件名	逮捕時期	逮捕人数(のべ)	逮捕理由
和歌山広域協組事件（2件）	2019年7月22日、11月14日	組合員5人	強要未遂・威力業務妨害

計　組合員81人、事業者8人

三井三池争議は、九州の三井三池炭鉱で繰り広げられ、一二〇〇人もの大規模な人員整理や二〇〇日間を超えるストライキに全国の関心が集まり、「総資本対総労働の対決」とも言われた労働争議だ。また、国労事件は、国鉄が現在のＪＲへと分割民営化される際、分割民営化に反対する労働組合員への大規模な採用差別などの激しい締め付けが社会の耳目を集めた。

これらの事件に匹敵する影響がある理由として永嶋が挙げたのは、まず、その逮捕者の規模の大きさであり、それらがストや労使交渉、会社側への抗議行動など、組合活動の基本ともいえる行為をめぐって行われた逮捕という点だ。

労働基本権を保障した憲法二八条にのっとり、労働組合法一条二項にはこう規定されている。

「刑法第三十五条の規定（法令又は正当な業務による行為は、罰しない）は、労働組合の団体交渉その他の行為であつて前項に掲げる目的を達成するためにした正当なものについて適用があるものとする。但し、いかなる場合においても、暴力の行使は、労働組合の正当な行為と解釈されてはならない」

たとえばボクサーが試合で殴るのは、形だけ見れば刑法が禁じる暴力行為だ。だが、これはボクサーの正当な業務だから違法性を免じられ処罰されない。同じように、労組として認定を受けた関生支部が行うストなどの団体行動も、労働条件の改善を目指すためのものであるなら、刑事罰の対象外となるはずだ。加えてここでは、「暴力の行使」もない。

つまり、正当と思える組合活動を行ったら小学校の三クラス分近くに相当する人々が逮捕されてしまったということで、これは働く人々の労働基本権に大きな影響をもたらす。また、三池争議や国労事件は労使紛争を核とする労働事件だったのに対し、今回は、警察が前面に出た刑事事件である点で、特異、と永嶋は言う。

もうひとつ特異なのは、逮捕・起訴の対象が組合員だけでなく、八九人のうち八人は、生コン会社の経営側である協同組合役員であり、最初にこれら経営側を逮捕して労働側に不利な供述を認めるまで釈放しないという手法がとられたことだ。これは二〇一九年に日本でも導入された「司法取引」の先取りとも見える、というわけだ。

司法取引は米国の制度として知られ、一般的には「検察官の訴追裁量を背景として、処分上の利益と引換えに捜査・公判協力を得ること」[*1]とされている。だが、逮捕され、身柄を拘束された状況で、取り調べの担当者から「認めれば処遇を有利にする」と言われて公正な供述ができるだろうか。それに近い手法が、関西生コン事件で先行して採用されたのではないか、というのだ。

後で述べていくように、こうしたなかで、ストや労使交渉といった労働基本権が保障する労働者の組合活動が、次々と、「暴力集団による刑事事件」へと読み替えられ、有罪にされるという事態が展開されていくことになる。

弁護団の一人、太田健義弁護士は、関生支部がこの事件での警察・検察の捜査の手法をめぐって東京地裁に提起した国家賠償請求訴訟（7章参照）の二〇二〇年八月二一日の冒頭陳述のなかで、このような事件のつくり方について、次のように表現している。

「私は、弁護士をして二三年目で一般的な弁護士よりも刑事事件を経験していると思いますが、このような事件は見たことがありません。また、私は大阪で、山口組の抗争に絡む刑事事件も経験したことがありますが、暴力団の刑事事件でも、延べ八九人も逮捕されたことはないはずです。本件が異様なのは、逮捕者の数だけではありません。事件の内容も異様です」

ベテラン刑事弁護士が「異様」と評する労働運動の刑事事件への読み替えは、どのように進められていったのか。この章では、公判で明らかになった事実や当事者の証言などから、その経緯を追ってみたい。

それは経営者の逮捕から始まった

労働事件は通常、組合員などの逮捕から始まる。だが、永嶋が言うように、「関西生コン事件」の大量逮捕は、二〇一八年七月一八日の経営者らの逮捕から始まった。滋賀県警によるフジタ事件（図表４の①）がそれだ。

この構図を理解するために、1章の「業界見取り図」（図表1 35頁）に戻ってほしい。

これまでも述べてきたように、「関生支部」は、生コン業界で働くミキサー車などの運転手たちを組織する企業横断型の産別労組だ。生コンの製造販売会社は中小零細企業が多く、運転手たちは、さらに、これらの企業から輸送を委託される小さな運送会社に雇われて働くことが多い。

つまり、運転手たちの賃金は、製品の輸送を委託する生コン会社からの運賃に左右されているということになる。

加えて、輸送を委託する側の生コン会社も、原料を販売する大手セメント会社に値段を吊り上げられたり、製造した生コンを買うゼネコンなどに競争させられ、価格を買いたたかれたりする。そんななかで、いきなり賃上げを求めるだけでは、体力の弱い運送会社や生コン会社は、コスト高によって労働者と共倒れになりかねない。

日本の産業界の特徴ともいえるこうした多重下請構造を跳ね返すため、関生支部は中小生コン会社に協同組合への加入を促してきた。大手ゼネコンが「値下げしなければ他から買う」と買いたたこうとしても、生コン会社が協同組合を通じて結束し、そんな安値では売れないと断れば、ゼネコンは生コン会社側の言い値で買うしかない。また、セメント会社が原料価格を吊り上げようとした場合も、同様の方式で防御線を張ることができる。

こうして生コン業界の増収を図り、次に、企業横断型の労組に加入した運転手の結束によって、その増収分を運送会社に還元させ、その利益を賃上げの形で働き手に還元させる、という戦略だ。

財閥系大手やスーパーゼネコンが力を持つセメント業界と、建設業界の狭間で、景気変動を吸収する緩衝材となりがちだった生コン業界で、産別労組によって労働者の過当競争による賃金の値崩れを防ぎ、生コン会社の協同組合化によって零細企業の過当競争による価格下落と品質劣化を防ぐ。そのうえで、この二つの協力関係によって、大手から中小零細企業への利益の還元を促し、そこで働く人々への賃金を上げる――。企業別労組が主流の日本社会では奇策にも見えるが、賃上げを実現するという意味では極めて現実的な戦略とも言える。

七月の最初の逮捕は、これら協同組合のうち滋賀県の「湖東生コン協同組合（湖東協組）」の副理事長など、役員ら四人（うち三人が起訴）だった。副理事長はここに加盟する中小生コン会社の社長でもある。

加えて目立ったのは、事件を担当したのが労働事件を扱うことが多い警備担当でなく、殺人や窃盗など一般的な事件を扱う刑事部に所属する組織犯罪対策課という暴力団などを担当する部署だったということだ。

変則的な展開に戸惑う関係者たちをよそに、事態は異例ずくめの労働事件へと発展していく。

「大変なことになりますよ」

副理事長らの逮捕のきっかけとなった事件は、逮捕の一年半近くも前の二〇一七年三月一〇日、副理事長らが行った営業活動を、「恐喝未遂」と見立てるところから始まっている。

この日、副理事長らは、準大手ゼネコン「フジタ」の工事に使う建材を扱う子会社「藤田商事」の大阪支店に出向いていた。「フジタ」の大阪支店が、飲料会社、チェリオコーポレーションの滋賀県内の工場や倉庫の増築工事を受注したことを知り、その工事に使う生コンを同協組から購入してほしいと交渉するためだった。低価格の生コンを求めて協組に加入しない業者（「アウト業者」）から購入する例が増えれば、他のゼネコンもそれに追随し、生コン全体の値崩れと品質低下が起きかねない。それを防ぐことは、先に述べたような仕組みのなかでの協組の重要な課題だったからだ。

起訴状などによると、逮捕された副理事長は、この営業の際、買わないと「大変なことになりますよ」とフジタ側を脅し、関生支部がこれと共謀して「嫌がらせ」をしたと供述したとされている。こうした見立てをもとに、副理事長らの逮捕の翌月の二〇一八年八月、関生支部の武建一委員長をはじめとする四人の組合員が、フジタが施工する工事現場で「軽微な不備に因縁をつけ」て「嫌がらせ」をしたとされ、「恐喝未遂」で逮捕された。

だが、公判が進むにつれ、このようなストーリーとはかなり異なる事件の姿が浮かび上がってくる。

まず、武委員長らについての二〇一八年九月一八日の起訴状の書きぶりを見ていきたい。ここでは多数の組合員らの名前が羅列されており、そのまま引用すると煩雑になりすぎるので、抜粋の形で紹介する。（ ）部分は、理解しやすくするため、筆者が補足した。

「（武委員長など）被告ら三名は（フジタが施工する工事で）生コンクリートの供給契約の担当者を脅迫し、」「（副理事長が経営する生コン会社との間で）契約を締結させて、同社に財産上不法な利益を得させようと企て」、「(副理事長らと)共謀の上、(フジタの関連会社の支店長に)前期契約の締結を要求した上、それを拒んだ同人に対し、『大変なことになりますよ』などと申し向け」「(この増築工事現場で、関生支部関係者らが現場所長に)軽微な不備に因縁を付け、その対応を余儀なくさせてその間、業務を中断させる嫌がらせを繰り返し」た。

この文章を素直に読めば、武委員長らが「大変なことになりますよ」と脅したと思いたくなる。だが、この言葉を発したのは、先にも述べたように、副理事長だ。しかも、公判がさらに進むにつれ、それが本当に脅迫の言葉だったのかどうかもあやふやになっていく。

二〇一九年三月二七日、武委員長らを被告とする事件の公判で証言台に立った副理事長は、弁護側の質問に答え、逮捕前の二〇一八年六月時点での警察の取り調べでの供述は、「大変なことになる」は、アウト業者からしか納入しないと何かあったときに大変なことになる、という意味だったと証言した。すなわち、協組に加入している企業は売り渡し後に欠陥が見つかったとき補償を受けられる瑕疵担保保険に入っているため、万一、生コンに問題があってやり直しなどがあったときゼネコンはその費用を負担しなくていい。生コンの供給が何らかの理由でストップした場合も、他の加入企業から供給を受けることができる。だがアウト業者にはそれが難しいため、目先では安くても、ことが起きれば面倒なことになる。「大変なこと」とは、そういう意味だったというのだ。

発言したときの状況が、「大変なことになるとすごんだ」というにはほど遠いものだったことも、この日の次のようなやりとりから見えてくる。

検察官 （営業の際）帰り際に何かいいましたか。
副理事長 支店長に「大変なことが起こらなんだらいいのに」ということを、ぼそっと。
検察官 （「大変なことになりますよ」の意味について）、どういう認識でそう言ったと？
副理事長 アウト工場で買うと、いろいろなことで大変なことになりますよという意味も含めて言った。

弁護人 アウトの一社だけだと、その会社が生コンを納入できなくなったとき大変なことになるという気持ちは今も変わらないのか。
副理事長 はい。
弁護人 「フジタ側を脅すという趣旨も含まれている」と供述を変えた記憶はあるか。
副理事長 変えた記憶はない。

この証言からは、「アウト業者から買ったりすると、万一のことが起きた場合ちゃんと対応してもらえないのになあ……」ということを、副理事長が帰り際に「ぼそっと」つぶやいた、という状況しか見えてこない。むしろ、「価格が何とかならないのか」と聞いた藤田商事側に対し、多少安いとしても安心面で協組の製品の方が優位ですよ、と返したセールストークと考えた方が妥当と思えるやりとりだ。「大変なことになるぞ」と武委員長がフジタ側にすごんだかのような起訴状の描写とは、明らかに異なる情景だ。

実際、フジタが生コンを購入した安値のアウト業者は、法令を遵守する会社であることを示す「マル適マーク」を二回、停止されている。公判廷で副理事長も、次のように証言している。

弁護人　（この会社が）湖東協組を脱退する前ですが、加水や残水処理について指摘したことがありますか

副理事長　はい

（中略）

弁護人　加水すると品質を保てなくなりますね

副理事長　はい

弁護人　（この会社は）加水が問題になってマル適マークを外されたことがありますか

副理事長　はい

1章で述べたように、水を加えることは強度を下げ、建築物の危険度が上がりかねない。いわゆる「シャブコン」である。「大変なこと」は、安いからといって、そうした業者から購入する

ことの危うさを意味していたという主張の説得性を裏付ける証言だ。

とはいえ、フジタ側に圧力をかけるため、副理事長と武委員長が連携していた事実はないのか。これについても綻びが出てきた。

副理事長は公判で、武委員長らを大阪市内の鉄板焼き店で接待し、同委員長に、今回の納入を果たしたいと話し、委員長から「関生支部役員も頑張っている」と答えたと証言している。また、同年四月には工事現場でコンクリートの打設工事が始まっていたことを現認したとも証言した。

ところが、鉄板焼き店の接待を示す領収証は二〇一七年六月二三日だ。打設工事が始まってしまっている時点で、なぜコンクリートの納入運動の相談をするのか。間に合わないのではないか、との疑問がそこに生まれる。

このような、「恐喝」をめぐる事実のあやふやさはそれ以上問題にされず、この公判の約一か月後の二〇一九年四月二五日、今井輝幸裁判官は、副理事長に懲役三年、執行猶予五年の有罪判決を下した。判決理由では「大がかりな組織的犯行で（副理事長は）共犯関係の強化などに重要な役割を果たしたが、共犯者の全日本建設運輸連帯労働組合関西地区生コン支部幹部らに比べ、やや従属的」（二〇一九年四月二五日付、京都新聞ネット版）とされ、大変なことをしでかしたが武委員長らに従っただけなので執行猶予つきとする、という判断になっている。

だが、法廷で明らかになったような、営業活動に出かけてつぶやいた行為が対象になっているならば、あまりにも重いようにも思える。

「軽微な不備」と「嫌がらせ」

もうひとつの疑問が、起訴状に見られる「軽微な不備に因縁」をつけて「嫌がらせ」を繰り返した、という見方の妥当性だ。「嫌がらせ」とされたのは、作業員の安全のために現場の法令違反や危険個所を点検して歩く「コンプライアンス（法令順守）活動」という労組の日常活動だった、と「関生支部」は主張しているからだ。

この活動に参加したメンバーらによると、たとえば二〇一七年五月の活動の際、組合員は京都府下のフジタが施工している高速道路の工事現場内で処理すべき汚水や汚泥が側溝に流れ込んでいるのをみつけた。現場監督に趣旨を説明して現場を点検し、施主の「西日本高速道路株式会社」も呼んで是正を求めた。労組側は、活動の趣旨を説明し、現場監督も「紳士的な態度」で対応したという。

「因縁をつける」という起訴状の表現からは、なんらかのいざこざがあったかに思えるが、メンバーらの話を聞く限り、それはうかがえない。

これが、フジタへの生コンの売り込みを後押しするための「嫌がらせ」として事件と結び付けられることになった。

コンプライアンス活動は三人編成で行い、一人が工事の担当者に声をかけ、もう一人が必要なときは監督官庁に連絡し、三人目は証拠保全のために活動の様子を撮影することになっている。撮影の時は、肖像権に配慮して担当者の顔は映さないこともルールとされている。この編成からもわかるように、コンプライアンス活動ではこれまで、警察や行政とも連携して建設現場の問題点を是正させてきた例も少なくなかったという。公的機関と連携して行う「脅し」があるだろうか。

そんな疑問がわくが、それ以上に疑問なのは、これは「軽微な不備」なのかという点だ。

1章で述べたミキサー車への同乗体験取材で私は、工事現場を出ていく車が、現場外との境界線手前で、待機している作業員からタイヤに付着した泥を洗い落とされてから出て行くのを見た。現場外の環境保全のため、そうした作業が行われるのだという。

側溝に流れ込んでいた汚水や汚泥は、業界のことを知らない人間からみればささいな流入かもしれない。だが、それらは、アルカリ分の強い生コンなどさまざまな成分によって、建設敷地外の土壌を汚染させる可能性もある。

労働現場ではそこで働く労働者こそが専門家だ。だからこそ、その声が企業の上部に聞いてもらえる職場内民主主義は必要だ。起訴状からは、こうした現場の実情に耳を傾けた形跡は見えてこない。

暴力団事件を思わせる衝立設置

二〇一八年一二月、大津地裁で開かれた公判では、傍聴席からざわめきが上がった。証人が傍聴人から見えないよう、傍聴席から見て右側に遮蔽用衝立が置かれていたからだ。これは証人を暴力団などから保護するときなどに、よく使われる手法だ。だが、証人は会社側のメンバーで、業界内では被告らと顔見知りだ。わざわざ衝立で姿を隠しても、すぐわかる。それならなぜ、衝立が登場したのか。

少なくとも衝立が、「被告たちは証人に何をするかわからない危険な人たち」という印象を与えるものであることは確かだ。裁判所側は、本当にそうした予断を持っていたのかもしれない。

そう考えるのは、記者として企業経営者や高位の官僚など、意思決定層に取材するなかで、労組や社会的マイノリティ層への理由のない警戒感に出遭い、驚いたことが何度かあったからだ。

数年前、あるNPOの会合で、役員の年配の男性が、大手労組系基金からの寄付があったと聞いて顔をこわばらせるのを見たことがある。「そういうところから寄付を受けて面倒はないのか」と言うのだった。年恰好から見て、現役のころ企業の経営陣にいて厳しい労使関係にさらされた経験があり、労組嫌いになったのかもしれないとも思えた。だが、政労使の話し合いによる政策決定が国際ルールとされ、そのような国際会議も取材してきた私に、その発言は驚きだった。

労組だけではない。政府関係の小会合で、外国人労働者問題や部落差別問題がたまたま話題になったことがある。何気なく、「そうした問題は、当事者の人たちを呼んで話を聞いてみる必要がある」と言ったとたん、年配の元高級官僚の男性委員が似たような反応をする場面に遭遇した。日本は階級社会だったのだとそのとき思った。

とはいえ、それらは、古い日本の尻尾を残し、社会の転換を理解できない人々による偏見にすぎないとも考えられる。

これに対し、裁判所は予断を排し、証拠のみにもとづいて公正に裁くはずの場所である。そこで、労組を暴力団と同一視する論理にからめとられているかのような衝立の設置が行われたことになる。公判廷にいた傍聴者たちから、ざわめきが上がった。

東京から傍聴に来ていた労働法学者の毛塚勝利も衝撃を受けた一人だった。憲法二八条で労組を作る権利は「団結権」として守られている。ところが、法の番人のはずの裁判所で、それが暴力団と同一の扱いを受けるとは――。そんな毛塚の危機意識は、その後、労働法学者たちの声明へと発展していくことになるが、それは次章に譲る。

公道でのビラまきも犯罪に

コンプライアンス活動を「嫌がらせ」とする発想は、法令違反の是正を迫るために行われたビラまきの犯罪化としても表れた。フジタの工事現場での法令違反をめぐるビラを、フジタ商事大阪支店の近くでまいたことも、「恐喝未遂」「威力業務妨害」とされ、ビラまきの組合員らも逮捕、起訴されたからだ。

このとき逮捕され被告となった大原明は、半ばあきれ顔で、当時を振り返る。大原は一九六六年生まれ。日々雇用の運転手として働き始め、やがて関生支部の活動と接するようになった。そのなかで、日々雇用の労働条件の安定は労組の活動があってこそだと実感し、活動を共にするようになった。

その日、大原は大阪市内にいた。関生支部全体の取り組みがあり、そのために組合員たちに動員をかけていたが、当日朝、急に事情ができて、活動は取りやめになった。

せっかくみんなに来てもらったのに申しわけないと思い、大阪地区のメンバーで話しあい、空いた時間で労組事務所の机の上に置いてあった一〇〇枚ほどのビラの配布を行うことになった。ビラは、フジタ側や生コンを供給したアウト業者に法令違反があり、関生支部の滋賀地区メンバーたちがコンプライアンス活動を通じて是正させたという内容で、「時間があるときに配布してほしい」と頼まれていたものだった。

ビラの内容がフジタにかかわるものなので、同社の大阪支店の近くで配布しようと、一同は、支店のある大阪・堂島に出かけた。支店は交差点の角にある。会社の入口で配布するのも嫌味かと思い、支店から少し離れた、交差点を渡った斜め向かいの場所に集合し、通行人に二〇～三〇枚配った後、事務所に戻った。

大阪を活動場所としているため、滋賀の工事をめぐる協組の営業活動のことも知らなかったという。フジタの社員が遠く離れた会社の前から写真を撮っていたことは覚えているが、ビラの内容は、フジタの建設現場で工事許可証が掲示されていないことなどについて国土交通省が立ち入り指導を約束したことなど、事実だけだ。「デマを宣伝したりする名誉毀損の行為ではないし、公道で、通行人に静かに配るだけのいつもやっている組合活動です。それがなぜ恐喝未遂、威力業務妨害になるのか」。大原は今も首をかしげる。

「だから、まさか逮捕が来るとは思っていませんよ。それが二〇一八年七月のフジタの件と結び付けられた。あのころ、『もしコンプライアンス活動についてのビラをまいたことまで逮捕の理由になるなら、世の中狂ってる』とみなで話し合っていた。そうしたら逮捕がきた。世の中、本当に狂ってたんですわ」

二〇一九年二月、滋賀県警に逮捕され、勾留されてからの経験は、さらに奇妙だった。最初の二日間、取り調べがあったが、その後の一〇日間は調べがないまま勾留だけが続いた。一三日目にようやく一日取り調べがあり、以後、取り調べはなかった。内容も「どうせ何も話してくれないんでしょう」と言われ、他愛のない話題にほぼ終始した。だが、勾留はその後も続き、保釈請求は何度出しても却下された。

三か月たち、元号が令和に変わる一〇連休が始まろうとしていた。その直前の四月末、担当弁護士が「もう一度、保釈請求を出してみようか」と言った。そこでようやく請求が通り、大原は保釈された。

事件を調べるためというより、組合員たちを長期間、社会から隔離して組合活動を止めることが目的だったということか、と大原は考えている。

「連帯が来なければよかった」

同じく滋賀県警が二〇一八年一一月に組合員八人を逮捕・起訴した「セキスイハイム近畿事件」も、関生支部の法令順守活動を、暴力団などの「嫌がらせ」と同一視して事件化した点で、構図は同じだ。

逮捕の一年九か月も前の二〇一七年二月二五日、大津市内でセキスイハイム近畿社が施工していた住宅建設現場で、コンプライアンス活動として建設現場を巡回中の関生支部メンバーが、工事現場で法令違反や許可条件違反を指摘、その告発ビラを周辺の住宅にポスティングした。この行為が、アウト業者を大津協組に加入させるため「共謀」した「嫌がらせ」であり、「威力業務妨害」とされた。

二〇一九年六月に、同じく大津地裁で開かれたこの公判でも、裁判官はフジタ事件と同じ今井裁判官で、衝立が、同じく登場した。

同じ裁判官が、関連する事件をすべて担当することに、被告側は疑問を持ったという。その事件にかかわる証拠だけをもとに公正に判断すべき裁判が、他の関連事件の情報をあらかじめ持って判断すれば、同じ思い込みで裁かれることになりかねない。そう感じたからだ。

衝立に遮られ、傍聴席からはなにも見えないなかで、証人のセキスイハイム近畿の工事部長が入廷した。コンプライアンス活動で指摘を受けた当時は工事課長だった人物だ。

検事の尋問でまず注目を浴びたのは、損害額だった。「連帯（全日建関生支部の業界内での呼び名）が来たことでなにか損害があったか」との質問に、工事部長は「生コンの打設をやり直すことになったので生コン一㎥につき一万三三〇〇円プラス割増運賃一〇〇〇円」の損害が生じた」と答えた。一万四三〇〇円という損害額に、傍聴席に拍子抜けの空気が広がった。八人も起訴された事件の損害としては、意外な低さだと感じたからだ。

続いて行われた弁護側の尋問でのやり取りは、法令違反を指摘した側が罪とされる事件の奇妙さを、照らし出した。その際の傍聴メモをもとに整理した記録が、関生支部のサイトに残っている。少し長いがこれを引用してみたい。

弁護士　ハインリッヒの法則はご存じですよね？

工事部長　はい

弁護士　小さなミスだからいいってことではダメですよね？　それがコンプライアンス（法令

遵守）ですよね？

部長　はい

弁護士　リスクマネージメントはご存じですよね？

部長　はい。事前にリスクを抽出して未然に防止すること

弁護士　あなたがさきほど証言した現場の道路使用許可条件は？

部長　（荷下ろし作業のトラックや生コン車の周囲に立ち入らぬように）カラーコーンとガードマンの配置など

弁護士　保安施設の設置、交通誘導員（ガードマン）二名の配置となっていますね？

部長　はい

弁護士　あなたは工程管理や安全・品質管理の担当だから、現場の責任者に許可条件を守らせる義務がありますよね？

部長　はい

弁護士　許可条件に反してカラーコーンがなかったり、ガードマンがいなくて事故がおきたら？

部長　う〜ん。万が一危害が及べば、ですけど……

弁護士　事故は起こってからでは遅い。コンプライアンスやリスクマネージメントはそのためにあるのでは？

部長　……
弁護士　許可条件を守らなければ事故が起こる可能性はありますね？
部長　はい
弁護士　許可条件を守っていないときは？
部長　取り消される……
弁護士　連帯の人が来たとき、カラーコーンは？
部長　（現場からの連絡で）私が行ったときはなかった
弁護士　ガードマンは？
部長　いなかった
弁護士　あなたならどう対処する？
部長　（分譲地で）通行人がいないから、カラーコーンやガードマンは意味がないと判断した
弁護士　許可条件が示されているのに、勝手にそんな判断していいのか？
部長　……。カラーコーンやガードマンはどこまでいっても通行者の保護のためだから
弁護士　作業員の保護は？
部長　轢かれるときもあるんでしょうねえ……
弁護士　現場の勝手な判断で許可条件を破ってもいいのか？
部長　許可条件に反したことは認めるし。推奨はしないが……

部長の苦しげな答弁はさらに続く。

弁護士　道路清掃を確実に行うことと許可条件九項にある。道路法も汚した場合は清掃することを義務付けている。なぜきれいに清掃する必要があるのか？

部長　道路は公共のものだから。それに危なかったりするから

弁護士　pH12の強いアルカリ性の水が工事現場から流れ出ていたらどうなる？

部長　汚染されます

弁護士　水質汚濁防止法にもひっかかりますね？

部長　はい

弁護士　法律もだが、法律違反以前のことですよね。セキスイハイムさんは『環境にやさしい住まい』を謳っていますよね？

部長　はい……

弁護士　連帯の人はあなたに対して威圧的な話し方はしていなかったですよね？

部長　はい

弁護士　道路使用許可は取っていなかったのですか？

部長　取っていなかったのではなく、現場に置いてなかった

弁護士　指摘された法令違反が事実ではないということはありましたか？

部長　それはない
弁護士　現場に問題がなかったとはいえませんよね？
部長　そうです
弁護士　法令通りきちんとやることは会社の企業イメージも上がるし、従業員のモラル向上や環境にもいいことなのでは？
部長　おっしゃる通りです
弁護士　ビラの内容は事実ですよね？
部長　はい

そして、「一万四三〇〇円が余分にかかったということだが、法令や許可条件に違反したままで工事をつづけて、そのお金を払わなかった方が良かったのか？」という弁護士の追及に答えて、後に語り草となる部長の次の言葉が飛び出す。

「連帯が来なかったら一番良かった」

弁護士に「一万四三〇〇円払わずに、違反がつづいた方がよかったということか？」とさらにダメを押され、部長が黙ると、傍聴席から、「それはいかんやろ」とつぶやきがもれた。すると裁判官が、自分の席から立ち上がり、衝立がない、傍聴人から見て左側の方向にいきなり飛び出して顔をのぞかせ、怒鳴った。

「いま発言した三九番！　退廷！」

関生裁判では、その他の事件でもこうした不思議な情景が様々に繰り広げられていくことになる。

「コンプライアンス活動」を知らない社会

しかし、これほど警察・検察と労組側の認識が乖離するのはなぜだろうか。

労組側が生コンの価格を戻すため、各社が協同組合に入るよう説得などを通じて協力してきたことはすでに述べた。その意味では、労組と経営側は協力関係にある。だが、団体交渉などについては反感を持つ経営者は少なくなく、まして、コンプライアンス活動などの組合活動の意味が理解されていたとは思えない。検察側は、そうした経営側の実感をすくいとる形で、「嫌がらせ」の構図を描いた可能性はある。

加えて、企業内労組が主流の日本社会では、労組が所属組合員のいない会社に法令違反を指摘するという行為そのものも、理解されにくい。逮捕の過程で警察官から、「なんで労組が人の会社に介入するんだ」と言われた組合員もいる。

市民団体「関西生コンを支援する会」は、この活動の意味が日本社会に理解されていないことが滋賀県警の逮捕を支えたと考え、二〇一九年九月一四日、京都市内で「企業のコンプライアンスと産業別労働組合の役割」と題する国際シンポジウムを開いた。

当日、シンポ参加者は二〇〇人を超し、立ち見も出る盛況となった。私はコーディネーター役を依頼され、東京からこのシンポに参加した。労組のコンプライアンス活動については日本社会ではほとんど聞くことがなく、私も情報がほしかったからだ。

そこで気づかされたのは、「働き手の労働条件の改善」という労組の本来の役割にとって、コンプライアンス活動は不可欠なものだということだった。企業内部からの改善が難しいからと手をこまねいていたら、働き手の人権や労働条件は守られなくなる。それなら、企業の外からの働きかけで働くルールを順守させる手立てはないのか。それがコンプライアンス活動だった。

シンポでは、港湾関係の労働組合である「全国港湾労働組合連合会」のメンバーで国際運輸労連（ＩＴＦ）のインスペクター（点検活動担当者）として活動している藤木茂が口火を切った。「出航した船は小島のような存在。そこでの労働条件を守るには船に乗り込み、船員の労働条件に問題がないか検査する仕組みが必要です」。

ＩＴＦは、英国のロンドンに本部がある。二〇一五年現在、一四六か国の六五八組合、四五〇万人が参加している。その歴史は古い。日清戦争終結の翌年の一八九六年、オランダのロッテルダムで港湾労働者が賃上げを求めてストライキを行う。そこへ英国の船が入港し、船主が船員に港湾労働者の代わりに荷役を行うよう命じた。船員たちはこれを拒否したためロッテルダムの港湾労働者の賃金は上がった。その後、英国の船員たちがストライキを行ったとき、今度はロッテルダムの港湾労働者が協力して荷役を拒否し、それがＩＴＦの出発点になったという。

その取り組みで知られるのは「ＦＯＣキャンペーン」だ。ＦＯＣは、日本では「便宜置籍船《べんぎちせきせん》」と呼ばれる。国内法による規制を逃れるため、船を法律のゆるい国の船籍に便宜的に変えてしまう方法で、マフィアなどが米国の禁酒法を逃れるためパナマなど飲酒が規制されていない国の船にしてしまったことが起源との説もある。

これが発展し、規制の少ない国の船籍とする動きが強まっていく。税の低い国を「タックスヘイブン」として富裕層が資金移動するのと似た状況で、海難事故で「パナマ船籍」と報じられる船が目立つ背景には、こうした海運業界の変化がある。

こうした低コスト競争のなかで、日本人から韓国人、中国人、フィリピン人へ、といった形で国境を超えて低賃金の船員へシフトしていく動きも一般化していく。競争激化で倒産する船主も出るようになり、船員に賃金を払えないまま船ごと遺棄されてしまう事態が世界中で起きる。これらの船員たちからの相談がＩＴＦに多数寄せられるようになっていく。

そんな事態を踏まえてＦＯＣボイコットキャンペーンが始まり、国際的な条約が整備され、船員の最低賃金やけがの保障などをＦＯＣの運行船主に求めていく運動も行われている。国際的に航行する船内で働く労働者が人間らしく働くには、雇用契約を結んでいる企業の外側から働きかける労働運動が不可欠というわかりやすい例だ。

もう一人のシンポジスト、韓国建設労組の首席副委員長イ・ヨンチョルの発言も、企業外からの働きかけなしでは労働基本権を守れない業界でのコンプライアンス活動の重要性を浮かび上がらせた。「韓国の労災は、半数が建設業界で起きている。だから、建設会社はそれが問題化しないよう組合員は入社させたがらず、企業の外から作業員の安全を守る活動としての外部からの監視が必要になる」というのだ。

同労組は、二〇二〇年東京五輪の関連施設の建設現場を調査し、労働条件の劣悪さを指摘したＢＷＩ（国際建設林業労組連盟）にも加盟している。「私がとくに強調したいのは、人間の命を守るということです」と、イ・ヨンチョルは言う。そのためには労働現場で産業安全が守られているかどうかを、現場で被害を受ける労働者自身が点検してくことが重要だ。だからこそ、命を守ることに反する法令違反を是正する活動をしたことで労働者が弾圧されることはあってはならない、というのである。

さらに、米国労働法を専門とする藤木貴史・帝京大学助教は、憲法に労働基本権が書き込まれておらず、企業内での運動を支えるものが弱いという米国の特徴が、「企業外からの労働運動」の必要性を促したと指摘した。

藤木によると、米国では、日本の組織犯罪対策法に相当する「ＲＩＣＯ法」という法律がある。その規制対象は「事業」とされ、極めて定義が広い。労組もその対象に入っており、労組が恐喝のような違法なゆすり活動に従事し、そこから利益を得ると処罰される。

どのような行為が恐喝にあたるとされるかの大きなポイントの一つは、「恐怖を違法に行使する」ことだ。判例では、「経済的に損するかもという恐怖心に訴えかけること自体は違法とは言えない」とされる。「正当な恐喝」があるというわけだ。違法とされるためには「恐喝」を受けた側に「恐怖心を覚えずに行動する権利」があったかどうかがかぎになる。しかし、労働法がストや団体交渉の権利を認めている限り、企業には「組合によって批判されない権利」はない。つまり、企業経営は、組合による批判を前提にして行わなければならず、とすれば、組合が法令違反を批判するコンプライアンス活動によって「侵害される権利」は企業に存在しない。そこに恐喝の条件が成立するはずがない、ということになる。

さらに藤木は、「市場競争というのは、今投資しないと自分の会社の商品が将来買われないかもしれないとか、さまざまなことについて〝損しないように、損しないように〟という経済的動機によって発展してきた」という。企業とは、ある種、恐怖心を動機にして発展してきた存在ということだ。

加えて、米国では、「表現の自由」に価値を置く社会として、自由な批判によって企業や社会を改善することが重視されている。その意味で、労組が市民と連携して行うコンプライアンス活動の役割が強く支持されるという社会的基盤があり、市民社会の対抗力として期待されている。

このようなコンプライアンス活動は、労組の組織化にも生かされている。どんなに少数組合であろうと会社との交渉権を平等に保障されている日本と異なり、米国では過半数の従業員を組織した労組にしか会社との交渉権がない。こうした中では、過半数を組織できない労組に、労働者が入るメリットがほとんどないため、企業外から組織化を行い、組合員を育てていく必要がある。たとえば、「少数派労組は会社の中に組合員を獲得できないため、ストライキのような社内からの圧力は使えない」ので、まず外部からのコンプライアンス活動を通じて企業の問題点を指摘し、こうした間接的な圧力を企業にかけることによって、社内の従業員からそれを是正させる動きを創り出し、多数の支持者を確保することで、労組は会社と直接交渉ができるようになる。

会社の外側から働きかけることで労働条件を改善させることが必要な状況は、関生支部の場合も似ている。中小零細の生コン企業が乱立し、これらの会社から運搬を委託される下請運送会社で運転手が働くなかでは、雇われている企業との交渉だけで労働条件を改善することは難しいからだ。

そのために導入したコンプライアンス活動という苦肉の策が、「なんで人の会社に介入するんだ」と非難され、「恐喝」という名の犯罪に読み替えられていったのが、滋賀県警による事件だった。「どの会社の社員なのか」という会社目線の発想によって、「どこにいようと働き手の人権は保障されなければならない」という社会の原則が損なわれてしまったことになる。

そんな日本社会に対して、藤木はシンポでの発言をしめくくる際、次のように問いかけている。

「では、日本に住む私たちは、労働組合のコンプライアンス活動をどう評価すべきでしょうか。

この問いは、取りも直さず、私たちが望ましい社会、望ましい企業をどう考えるかにかかっています。企業の経営に差しさわりがあるから多少の法律違反には目をつぶってよ、という社会・市場を目指すか、それとも企業への批判・監視によって違法行為を抑制できる、そうした公正な社会・市場を目指すか、改めて考えていただきたいと思います」

だが、藤木の問いかけをよそに、組合活動の刑事事件への読み替えは、コンプライアンス活動を超えて広がっていった。シンポの一年半後、夕刊紙「日刊ゲンダイ」(二〇二一年三月二五日付)に掲載された記事は、そうした動きの背景を垣間見せる。

「キャリア女性警視にセクハラで訴えられた叩き上げスゴ腕署長」という見出しがつけられたその記事[*2]は、滋賀県警彦根署の羽田賢一署長が、署長就任前の二〇一四年三月から二年間、警察庁に出向し、その時期、同じ部署の女性警視にセクハラ行為を行って二〇二一年三月、被害者から損害賠償請求訴訟を起こされたと報じている。ここでは、女性警視がこの行為で抑うつ状態を発症し、二〇一五年二月に労災認定を受けたことも伝えている。

その同じ記事に、同署長のプロフィールとして、警察庁から滋賀県警に帰任後、組織犯罪対策課暴力団犯罪捜査指導官を経て二〇一八年四月に同課長に就任し、関西生コン事件の発端となった同年七月からのフジタ事件の陣頭指揮を取ったことが紹介され、「捜査事情通」の次のような談話が掲載されていた。

「捜査対象が労働組合ということもあり、他府県警もなかなか摘発まで踏み切れなかったのですが、滋賀県警が先陣を切ったことから大阪府警も和歌山県警も後に続いた。当時、他の県警からも『よくやってくれた』と言う声が上がったほどです」

「捜査対象が労働組合ということもあり」という記述は、警察官が労働組合法による組合活動の保障について認識していたことを示している。報道が事実なら、そうしたためらいを、警察庁から戻った「たたき上げスゴ腕署長」が突破し、他府県の警察が追随したということになる。それが、警察庁への出向と何らかの関係があったのかは、この記事では定かではない。だが、何らかの力が警察の背中を押し、労組法の壁を一斉に乗り越えさせていったことは確かだ。次章からは、これを機に、ストライキ、労使交渉など他の組合活動にも広がっていった刑事事件化の動きを追っていきたい。

＊1 「新時代の刑事司法制度特別部会における期日外視察の概要」法務省、二〇一九年一二月閲覧。http://www.moj.go.jp/content/000105603.pdf

＊2 「日刊ゲンダイ」二〇二一年三月二五日付。

第3章

ヘイトの次に警察が来た

［写真］ストライキで説得活動が行われた宇部三菱セメント大阪港サービスステーション
＝2020年1月、大阪市港区で撮影

二〇二〇年一月、私は、宇部三菱セメント株式会社大阪港サービスステーション（大阪港SS）の前に立っていた。埋立地らしい海の匂いと冷たい潮風の中を、トラックが次々と門に入り、生コンの原料となる「バラセメント」と呼ばれる粉状態のセメントを積み込んでは、各生コン工場へと出ていく。

ほぼ二年前の二〇一七年一二月一二日、関生支部の組合員約二〇人がゼネラルストライキ（略称ゼネスト、一企業を超え、産業全体など幅広い規模で行われるストライキ）のため、この場に集まり、その後、約九か月もたってから、「威力業務妨害」という罪名によって大量逮捕にさらされることになる。コンプライアンス活動の「恐喝未遂」への読み替えに続き、憲法二八条で保障されている労働基本権の刑事事件への読み替えが、ここから始まる。

「大同団結」の達成

大阪港SSの事件の二年前の二〇一五年、生コン業界は労使とも、ひとつの頂点を迎えていた。この年、関生支部の協力で、大阪府下の生コン業者、九〇社、一〇七工場が大阪広域協組に合流し、加入率ほぼ一〇〇%の「大同団結」が達成されたからだ。

経営側の「大同団結」に対応し、労組の間にも、まとまって労使交渉にあたろうという機運が高まった。

生コン工場は、一九六〇年代には大手の直営が多かった。だが、やがて、大手セメントメーカーが販売拡張競争の手段として中小零細メーカーの乱立に走り、業界はこれらによる過当競争の世界へと突入していく。こうして中小零細が分断・競合させられる歴史のなかで、労組も多数が分立する状態となり、「大同団結」前は、関生支部のほか、全日本港湾労働組合（全港湾）、連合・交通労連関西地方総支部生コン産業労働組合（産労）、建交労関西支部、UA関西セメント労組、近畿コンクリート圧送労働組合（近圧労）の計六労組が、共闘や分裂を繰り返しながら活動してきた。

だが、経営側の「大同団結」によって、翌二〇一六年、これら六労組もまとまって労使交渉にあたろうと「関西生コン関連労組連合会」（労組連合会）を立ち上げた。議長には、呼びかけ役だった関生支部の武委員長が就任した。欧州などには、経営側と労働側が個別企業を超えて横断的に労働条件を交渉することで、働き手がどの企業に移っても一定の労働条件を保てる仕組みがある。こうした産業別の「集団的労使交渉」へ、一歩近づいた瞬間だった。

大阪広域協組への一〇〇%加入によって、大手ゼネコンに対する業界の価格交渉力は強まり、生コン価格は二〇一五年の一立方メートルあたり一万一八〇〇円から、二〇一七年の一万五八〇〇円へと三割以上上がった。大阪府下の生コン出荷額は二〇一七年度で約五五〇万立方メートルだから、生コン業界は単純計算で、二二〇億円近い増収を達成した計算になる。

二〇一五年度、二〇一六年度の春闘の焦点は、この増収分を運転手の待遇改善などに回すことだった。二〇一六年三月七日には、労組連合会のうち近圧労をのぞく五労組が「統一要求書」を生コン業界に提出し、業界の経営者が参加する「大阪兵庫生コン経営者会」(以下、「経営者会」)との集団交渉によって四月一日には、協定書が結ばれた。

ここでは、日々雇用も含む運転手への賃金引き上げ要求に加え、運転手たちの直接的な雇用者である運送会社に対する運賃の引き上げ要求も盛り込まれた。

関生支部は、正社員運転手と日々雇用運転手の比率をそれまでの三対七から五対五にまで引き上げることを目指してきたが、そのためにはまず、生コン会社が増収分を運送会社への運賃引き上げに回し、人件費の原資を確保する必要があったからだ。

6項目の提言

ところが、協定は、なかなか実行されなかった。

また、「大同団結」後の大阪広域協組の執行部の運営をめぐって、加入している生コン業者からも不満が生まれていた。それらの解決を目指し、結成されたばかりの「労組連合会」は二〇一六年一二月の第二回総会で、「二〇一七年度活動方針」として、大阪広域協組執行部に対する「6項目の提言」を決定した。[*1] 以下がその要約だ。

❶「組合と距離を置く」「権力を使って弾圧する」といった姿勢で混乱を招いてきたことを反省し、改めること。
❷組織の運営で、「言うことを聞かない」者への「罵詈雑言や恫喝」などの暴力的発言をやめること。
❸理事は公人なので、役職を利用して特定の会社や個人の利益誘導などを行わないこと。
❹協組と労組が協力することが業界安定の道なので、協組は（労組の交渉窓口として設けられた）大阪兵庫生コン経営者会に全社が加入するようリードすること
❺労組の協力関係が協組運営の安定の基本であることを内外に明らかにすること
❻生コンの売値を決定するときは、出入り業者などの適正運賃を反映させ、環境保全、教育、広報活動の費用を加味すること。

「大同団結」まで、経営側は安売り競争を繰り返し、「経営側の協同組合の加入によって業界の交渉力を強めて値崩れを防ぐ」という関生支部の構図は何度も頓挫している。また、労働者への利益の割り戻しを求める労組に対し、労組つぶしの動きや警察による組合員逮捕も散発的に繰り返されてきた。「提言」の❶と❺は、そうした姿勢の転換を念押ししたものだ。

❷の「罵詈雑言や恫喝」、❸の「利益誘導」は、執行部の意向に従わないと強圧的な対応をされるという加入業者の間の苦情を代弁したものだった。背景には、大同団結後に広域協組が各企

業に割り当てた生コンの出荷数量について、協組執行部となった企業に偏って配分されているのではないかという業者内の不公平感があった（5章参照）。

2章でも述べたように、協同組合は、営業窓口を一本化し、「相互扶助の精神」（中小企業等協同組合法一条）をもとに受注した仕事を加盟社間で公平に割り当てる仕組みだ。立場の弱い中小企業が結束して価格協定をすることは、強者の大手に対抗して市場の公正な競争をむしろ維持するもので、独占禁止法の趣旨にかなっているという考え方が、そこにある。社会的弱者の保護を通じて社会の公正な競争を維持するという点で、労組の活動が刑事事件の対象にならないことと共通する考え方だ。

「大同団結」後の大阪広域協組でも、各業者の製造・輸送能力や実績に応じて受注を割り振ることになっていた。だが、新規加盟業者は「団結」前、協組の規制を受けず安値販売で出荷量を伸ばしていた。そのため、暫定措置として、「団結」直前に抱えていた出荷量に沿った販売シェアを当面は維持することが容認された。

こうした中で、安値販売を抑制していた従来からの加入業者に比べ、執行部のメンバーが経営する会社を含む新規加入社のシェアが大きい、という状態は容易に変わらず、「執行部の経営する会社に有利な決定が行われているのでは」との不満も強まっていた。そうした状況に、労組の側から改善を求めたのが❷、❸だった。

❹の「経営者会」とは、大阪広域協組が最初に発足する際、加盟企業が結成した社団法人だ。

協同組合そのものが労使交渉や労働協約の当事者になると、労働組合がない加盟企業から異論が出かねない。このため、広域協組以外の交渉窓口として、経営者会ができた。当初、この「経営者会」には全加盟企業が参加していた。だが、二〇一〇年に労組側が四か月にわたるゼネストを行った時、関生支部との集団交渉による労働協約に制約されることを嫌った大手セメントメーカー系の生コン会社が一斉に脱退、「大同団結」の際も、協組には加入したものの、同じ理由で経営者会には加入しないという業者があった。

これを放置すれば、経営者会に入っている業者だけが労働条件の改善による負担増に苦しみ、入っていない業者は生コン価格の上昇の恩恵を受けるだけの「ただ乗り」となる。その結果、労働条件の引き上げはできなくなるという考えがそこにあった。

❻は、運賃や環境保全といった社会の安定に必要な費用を値切ることで販売拡大を行いがちな経営側の手法の転換を迫ったものだった。

「提言」からは、「大同団結」によって生コン価格の上昇は手にしたものの、生み出された利益が協組執行部などに偏り、労働側や非主流の業者にも還元されていないのでは、という不信感が、直後から高まっていたことが見えてくる。

この「提言」に大阪広域協組執行部は回答しなかった、不穏な匂いが漂い始めるなかで、二〇一七年春闘は始まった。

大阪港SSという舞台

運賃引き上げ要求の実行が引き延ばされるなか、二〇一七年春闘で「労組連合会」は、「6項目提言」にあった「協組の民主化」と、「運賃の引き上げ約束の履行」を柱に要求書を出した。大阪広域協組は改めて運賃の引き上げを約束し、京都、滋賀、和歌山などの各広域協組もこれに準じる姿勢を示した。

全国の生コン車運転手の年収は、一九九〇年代初頭には、労組の賃上げ要求の成果もあり、平均六〇〇万円水準まで上がっていた。だが、バブル崩壊後に進んだ生コンの安値競争のなかで運転手の人件費は切り下げられ、四〇〇万円程度にまで下がっている。

賃金が安いと良質の労働力も集まらず人手不足になる。二〇一五年以降、少子高齢化のなかでの労働力人口の減少を受け、人手不足は他の業界でも深刻化していた。働き手の待遇改善による魅力ある職場づくりは、生コン業界でも急務となっていた。各協組が要求に応じる姿勢を見せた背景には、こうした経営側の危機感もあったと考えられる。

だが、今回も、その実施時期は示されないまま実施は引き延ばされた。こうしたなかで、関生支部は同年一一月、執行委員会で春闘要求での「民主化」「賃上げの約束を守ること」を掲げ、一二月一二日に抗議のゼネストを行うことを確認した。全港湾大阪支部は共同歩調を取ったが、当初、参加の姿勢を示していた生コン産労、建交労関西支部、UA関西セメント労組など他の四労組は不参加となった。

すでに述べたように、ストは、労働側が生産をストップすることで、経営側に打撃を与え、譲歩を引き出す手法で、憲法二八条や労働組合法で「団体行動権」のひとつとして保障されている。二〇一七年時点で、同広域協組には近畿圏の一六九社、一八四の生コン工場が加入していた。組合員がこのすべてで操業を抑えることはできないため、効果的な要所を抑える必要があった。

関生支部は、この「要所」として、生コン工場に原料を供給するセメントの出荷基地（サービスステーション＝ＳＳ）に着目した。近畿圏には各セメントメーカーのＳＳが合計四二か所あり、ここから近畿圏の生コン工場にセメントが運ばれている。そこで、このＳＳに出入りするバラセメント輸送会社に事前にストライキの趣旨を説明して協力が得られれば、大阪広域協組のすべての生コン工場の操業が止まる。5章で述べる二〇一〇年の四か月間のゼネストの成功は、この手法が功を奏したからだった。

今回のストライキでも、目的が運賃引き上げだったことから、大半のバラセメント輸送会社は協力的で、ほぼ平穏に推移した。ところが、宇部三菱セメントの大阪港ＳＳは例外だった。この事件の経緯を、法廷での証言や裁判資料などから追ってみたい。

ストの四日前の一二月八日、大原明ら二人の関生支部執行委員は、輸送会社「植田組」を訪れた。同社は宇部三菱セメントの専属輸送会社で、セメントの輸送業務や大阪港ＳＳの管理を委託されている。二人は植田組の社長に対し、セメントと生コンの輸送運賃を引き上げるためストに協力してほしいと求めるが断られ、セメントを輸送する運転手に説得活動を行うことを申し入れて引き揚げている。

この通告を受け、植田組は一二日の出荷ストップに備え、翌一二月九日と一一日、通常の倍近くのセメントを事前に取引先に輸送した。さらに、当日の労組側の行動に備えて、プラカード、ロープ、ビデオカメラ数台を用意し、親会社の宇部三菱セメントにストが予定されていることを連絡。宇部三菱セメント側は、社員に現場統括、対応係、記録係などの役割を振り、約一〇人を大阪港SSに派遣している。

一方、スト前日の一二月一一日、関生支部は経営者会に、一二日からのストを通告した。これを受け、執行委員の大原は一二日午前五時ごろ、五人ほどの関生支部員と支部事務所で待ち合わせて大阪港SSに向かい、現場で合流した他の組合員らも含め、総勢一〇人ほどで、SSに出入りするバラセメント車の説得に当たろうとした。

そのとき、プラカード、ビデオカメラ、立ち入り禁止用の黒と黄の「トラロープ」などを持って、宇部三菱や植田組社員二〇人ほどが現れた。関生支部員らがストへの協力を呼び掛けるチラシを渡そうとバラセメント車の運転席に近寄ると、その前面にこれらの社員が工事用のトラロープを張って立った。周囲では他の社員たちが、「妨害しないでください」と書いたプラカードを持って歩いたり、メガホンなどで声を上げたりした。「バラセメント車が動けなくなったのは、自分たちの妨害というより、こうした混乱のためだった」と大原は振り返る。

これに抗議する関生支部員らを、会社側の社員らがビデオカメラで複数の方角から撮影した。「事件の証拠とするために『いい絵』を取ろうとしているのでは」と感じた大原は、冷静を保とうと、「なぜストの邪魔をするんですか」とカメラに向かって呼びかけたことを記憶している。

法廷では会社側の管理職が弁護側の証人尋問に対し、「映像に残す」ことを考えて事前に「妨害するな」などと書かれたプラカードなどを用意したと認めている。また、注文されたセメントの多くは、事前に発注先に輸送していたと証言した。関生支部員は、積み出すべきセメントは事前に運ばれており、不要な積み出しを演じて営業妨害の構図をつくり出そうとしたのではないかと見ている。大阪港SSは、会社側が仕組んだ「威力業務妨害劇」の舞台装置だったのではないのかという疑念である。

整備不良車や車検証不掲示

会社側の要員が労組側の倍近くに上っていたため、労組側は支部に応援を依頼した。同じころ、三キロほど離れた大阪市西成区の中央大阪生コンでは、関生支部員との間で、後述するような別の紛争が起きていた。大阪広域協組の地神秀治副理事長が経営する会社である。対応に出向いていた副委員長の七牟礼《ななむれ》時夫らは、午前一〇時頃、そちらの事態が落ち着いたのを見計らって、一〇人ほどの関生支部員らと大阪港SSへ回り、昼過ぎに合流した。

労使が輸送トラックの出入をめぐって攻防を続けるなか、バラセメント車の出入を監視していた関生支部員らがタイヤの摩耗した整備不良車や、車検証のステッカーが見えるところに貼られていない車など問題のあるものを相次いで見つけ、警察に通報する事態が起きる。ストの最中でのコンプライアンス活動である。

車検証ステッカーを見えるところに貼るのは、その車が保安基準に適合しているかどうかをひと目でわかるようにするためで、重要な安全基準だ。また、荷を積めば重量が二〇トン以上にもなる輸送車のタイヤがすり減っていれば、バランスを失って大きな事故につながることがある。事故が起きると、運転手が命を失ったり、会社から責任を取らされて過酷な処分を受けたりする例も少なくない。七牟礼は、「労組が、運転手の安全にかかわる不良整備車を見過ごすわけには行かないと思った。また、運賃が安すぎることが植田組のコスト削減を招き、不良整備車を生んでいた。そうした事態を改善しようとストをしているのに、黙ってはいられなかった」と取材に答えている。

関生支部側から通報を受けた警察官は、担当者が到着するまで整備不良車を止めておくよう会社に指示した。午後九時すぎ、整備不良車関係の担当の警察官が到着し、レッカー車で問題の車を移動させた。

その間、現場にいた宇部三菱セメントの管理職が、これを営業妨害として、バラセメント車を動かすよう声を上げ続けていた。大手のセメントメーカーがそんな車を放置していていいのかと思った、とも大原は後に語っている。

さすがに、この整備不良車についての足止めは「妨害」の対象とはされなかったものの、車検証のステッカーについての指摘などのコンプライアンス活動が、威力業務妨害とみなされることになる。

攻防はその日の夜まで続き関生支部側は、組合員を帰宅させ、役員らは現場近くに止めた乗用車の中で泊まった。

異変を感じ始めたのは翌一三日の夕方ごろからだった。

初日から警察官は来ていたが、五、六人程度だった。それが夕方ごろから増えてきたように感じた。それまでの労働事件などで顔見知りだった警察官の一人が、たまたま関生支部員の一人とすれ違ったとき、そっと言った。「わかるやろ、やめておけ」。

三日目の朝、大原は眼前の光景に目を見張った。大阪港SS近くに警察のさまざまな車両が並び、二〇人あまりの関生支部員に対し、警察官はざっと計一〇〇人くらいは待機しているように見えた。

バラセメント車が門内から出てきた。昨日と同じように、関生支部員らが説得の声かけをしようと近寄ると、警察の車両の中から大量の警察官たちが一斉に飛び出してきた。先頭の警察官の帽子には、見たことのないような太い白線が入っていた。

ＳＳの裏にトイレがあり、用を足しに入ると、先ほど先頭にいた警察官が同じく用を足しに来ていた。階級を聞くと警視正だった。「なんで警視正みたいな偉い人がこんな現場に来るんや」とたずねると「上の命令だ」と言った。

何か大仰なことが始まろうとしていることはわかった。「これは尋常じゃない」と、ストを解除して解散し、その場での逮捕はなかった。

スト後、大原は、この経験を先輩のベテラン組合員に話している。先輩組合員は「長いこと労働運動をやっているが、ストの現場に警視正が隊長で来るなんてあらへん」と首をかしげたという。

中央大阪生コンの就労拒否

一二日の午前中、先に述べたように中央大阪生コンでも事件が起きていた。この事件も、関生支部員の逮捕理由となった。弁護側の弁論要旨（二〇二〇年六月一二日）などによると、騒ぎはスト前日の一二月一一日夕方から起きている。中央大阪生コンの工場長が、関生支部の組合員らが働く近酸運輸のミキサー車の運転手に、構内の同社のミキサー車をすべて撤去するよう求めたからだ。組合員の急報を受けた関生支部執行委員の西山直洋は、午後六時ごろ現場に駆けつけ、同社の工場長らと押し問答になった。

中央大阪生コンは二〇一五年、大阪広域協組に加入していた生コン会社のシェア（協同組合から配分される出荷割合の権利）を引き継ぐ形で大阪広域協組の副理事長が設立した会社だ。関生支部員の運転手が多く所属する近酸運輸は、中央大阪生コンの設立前、この生コン会社と専属契約を結んでいた。シェアの引継ぎに際してはその契約も継承されることが、口頭ではあるが当事者間で合意されていたという。

到着した西山は、ゼネストをきっかけに、中央大阪生コンが近酸運輸との専属契約を破棄して関生支部員を排除し、同社のグループ会社である北神戸運輸への委託に切り替えようとしていると感じた。それでは運転手たちの生活が立たなくなる。

そのため、同社での一二日のストは行わず、中央生コンでの就労は続けると、同社に伝えた。同社は、ミキサー車をいったん撤去することを条件に一二日の仕事は確保されることを約束した。

一二日早朝、近酸運輸の運転手たちは、輸送業務のためミキサー車で工場に集まった。一台は工場前に、残り五台は近くの阪神高速の下で待機した。七牟礼は副委員長として、その場に立ち会った。午前七時一三分ごろ、片側だけ全開された出入り口から、北神戸運輸のミキサー車だけが入構した。近酸運輸の運転手のミキサー車も続けて入ろうとすると、工場長や中央大阪生コンの社員、北神戸運輸のヘルメットをかぶった人たちが両腕を広げて横に並び、その前に立ちはだかった。

関生支部の組合員たちから、「仕事をさせろ」という抗議の声が上がった。[*2]

撮影されたビデオでは、運転手や組合員が午前六時半ごろから七時すぎまで、門を挟んで、工場長に働かせてくれるよう頼む姿が映し出され、次のようなやりとりが記録されている。

「昨日の話は今日仕事するで、だから出すでて言うたやん」
「そのために昨日ミキサー出すの約束したやん。ほんま頼むわ。昨日の約束破棄するのん？　してるやん。今日朝から来るで、仕事しますでっていうてたやん」
「ミキサーだけ走ったらいいやんけ、俺ら（運転手以外の組合員）も入るなんて言ってへんやん、仕事しにきたんやん、ミキサーだけいれたらええがな」

後の法廷で、七牟礼は弁護人の質問に次のように答えている。

弁護人　あなたたち組合員は、どのような行動をとりましたか
七牟礼　同様に説得活動を行いました
弁護人　先ほどと同じように、ミキサー車の側面から運転席に近づいて、ミキサー車のドライバーに話しかけた。そういうことですか
七牟礼　はい
弁護人　ミキサー車の進行方向にはどういう人たちが立っていたか覚えていますか

七牟礼 中央大阪生コン関係者、我々組合員、それと警察官もいたと思います

こうしたやり取りの後、ミキサー車の前で工場長と七牟礼たちは何をしていたのかと聞かれ「折衝と言いますか、私どもは仕事をさせてくれと言うことを繰り返し言ってました」と答えている。

北神戸運輸のミキサー車が次々と工場に入り、近酸運輸が仕事をするのは無理だと判断した七牟礼は西山に電話で相談し、七時五八分過ぎ、就労要求はストに切り替えられる。

威力業務妨害は「威力を用いて他人の業務を妨害する罪」(刑法二三四条)だ。だが、上記の経緯を見る限り、嫌がらせのための妨害というより、突然の就労拒否で門内に入ろうとして入れなかった運転手らが抗議し、それを入れまいとする会社側との押し問答のなかでの混乱で、運搬のためのミキサー車が構内に入れなかった、という方が近いように思える。

事実、警察官が立ち会っていたにもかかわらず、ここでも、暴力行為などによる現行犯逮捕は一人も出ていない。

また、先に述べたように、他の近畿一帯のスト現場では、混乱はほとんど起きていない。

矢継ぎ早のスト対策

ベテラン組合員らを驚かせた警察官の大量動員はあったものの、一人の逮捕者も出さずにストは終わり、ヤマは越えたかに見えた。だが、大阪広域協組執行部の対抗措置は、周到ですばやかった。

関係者によると、まず、スト直前までに、労働組合連合会の六つの労組のうち生コン産労、建交労関西支部、UA関西セメント労組について、ストに参加しない約束を取り付けた。さらに、大阪港SSと中央大阪生コンの二つの現場についてストライキを中止させる仮処分裁判を申し立てている。後者については、「通常であれば、一工場単位で行うが、他の工場にも起こりうるので、広域協組および中央大阪生コンの連名で全社に対しての仮処分を取る」[*3]（木村理事長）ことを理由に、大阪広域協組も申立人に加えられた。個別企業と労組の紛争をめぐる裁判に、事業者団体が主体として乗り出したことになる。

さらにスト直後、協組執行部は理事会、加盟業者に対する協組運営説明会を相次いで開き、「ストは威力業務妨害であり犯罪行為。全面的に立ち向かう。関生支部を業界から一掃する」として、「威力業務妨害・組織犯罪撲滅対策本部」の設置の方針を「全会一致」で決定する。その時の模様を、参加者の一人は次のように振り返る。

「理事長が関生支部の活動（ストのこと）に賛同する者は挙手するように言い、みなが黙っていると、賛同者がいないことを確かめたから全会一致、とされた」

年明けに、対抗策はさらに加速する。

まず二〇一八年一月一二日に開かれた大阪広域協組の臨時総会で、前年に設置された「威力業務妨害・組織犯罪撲滅対策本部」に一〇億円の支出が決定される。この総会は、恒例の「新年互例会」の立食パーティーが始まる前に、立食会場で立ったままそそくさと行われたという。さらに、続く「新年互例会」冒頭の主催者あいさつでは、木村理事長がストについて「労務問題じゃない。業務妨害、犯罪行為に対しては、我々がピリオドを打つ年にさせていただく[*4]」として、「一〇億で足りなければ、二〇億、三〇億と用意する決意」と語っている。

こうした対策費の計上と並行する形で一月五日、木村理事長名で広域協組の各社に、大阪駅前で街頭宣伝が行われるのでこれに積極的に参加するよう求める通知が届き、三日後の八日、ＪＲ大阪駅前に日の丸や「不正蓄財」「ゆすりタカリ」などと書かれたのぼりが並び、広域協組執行部のメンバーが見守るなか、「タカリのプロ」と、マイクを通じた関生支部批判が始まる。これを主導していたのは、その前年三月、神奈川新聞デジタル編集部の記事[*5]の中で、ヘイトデモを主催する「極右政治団体の最高顧問で人種差別・排外主義者」、と名指された男性だった（6章参照）。

同月二二日には、この男性ら約二〇人が乗った宣伝カーなどや広域協組の執行部が乗った乗用車が関生支部事務所に乗り付け、男性らは同支部の事務所内に押し入って組合員を殴打、全治二週間のけがを負わせている。*6

続いて一月二三日付で「連帯（関生支部の呼び名）との個別の接触・面談、交渉はお控えください。違反した場合は厳正に対処します」とする通知が配布され、その末尾に、「組織犯罪撲滅対策顧問弁護団」として、元大阪地検刑事部長や元大阪高検特捜本部長などの肩書をつけた弁護士たちの名がずらりと並んだ。

さらに、関生支部の組合員が多数在籍する生コン運送会社への取引停止要請が、「連帯系輸送業者の使用はお控えください」として加盟各社に通知された。1章の松尾らが所属する「バード」への取引停止は、こうした動きのなかで行われた。

年明けには、「経営者会」に対しても対抗措置が取られた。同会の会長を呼び出し「ストに同調する態度を取った」として、会長が経営する会社の登録販売店としての資格を無期限で停止する措置が取られた。協同組合は共同受注・共同販売の仕組みを取り、協同組合に登録された販売店が協同組合を代行して営業を行う形を取るため、この資格を停止されると生コンの受注・販売ができなくなる。会社にとっては致命的だ。

この会長は、経営者会の会長職を辞任し、これを見て他の業者は経営社会を脱退、約四〇の加入社は一けたに減った。辞任した会長の後を受けて会長を引き受けた会社に対しては、この会社の経営者が東京に出かけて広域協組の現状を国会議員に陳情した際に関生支部員が同席していたことを取り上げ、「関生支部との交渉を断つ」との方針に反したとして、販売割り当てをゼロにし、協組を除名した。

だが、これに対し、二〇一八年六月二一日、除名処分にされた生コン会社は除名無効を求めて仮処分申請を申し立て、大阪地裁は除名無効の決定を下す。*7 こうしたなかで、協組に加入する各社の間では、執行部の手法への疑問が再燃し始めた。

この空気を一変させたのが警察の動きだった。

除名処分無効の仮処分決定が出た六月、大阪広域協組と中央大阪生コンは、関生支部の武委員長ら一四人がゼネストの際に威力業務妨害を行ったとして大阪府警に刑事告訴し、これが受理される。歩調をあわせるかのように、翌七月一八日、2章で述べた滋賀県警による「コンプライアンス活動」をめぐる逮捕が始まり、九月には大阪府警による逮捕が始まる。ヘイトの次にやってきた二府二県の警察による大量逮捕の大波のなかで、業界の空気は大きく揺り戻されていった。

「ホントに抜けるんやな」

二〇一九年一二月、私は大阪広域協組に取材依頼の電話をかけた。

経営側が労組をたたきたいと考えること自体は、さほど珍しいことではない。だが、労使の問題は一般に「労使自治」として、労使間のやりとりで解決するのが筋といわれている。労働側にとっては、会社をつぶすところまでこじれさせれば自らの賃金の源泉が失われるし、経営側にとっても、利益を稼ぎ出す従業員を労働不能なところまで追い詰めることは得策ではない。言葉は悪いが「アリとアリマキ」のような関係の、業界の事情を知っている者同士が、互いに圧力をかけ合いつつ妥協点をさぐって折り合うのが交渉の基本だからだ。

ヘイトグループや警察などの外部組織と連動し、経営側にとって頭痛のタネのはずのゼネストまで好機とするかのように、矢継ぎ早に対策を繰り出し、経営仲間の協組内の企業まで抑え込みにかかる、といった手法は、正直、あまり見たことがなく、その言い分を聞いてみたいと思った。「関西生コン事件の取材をしており、広域協組側の意見を聞きたい」と申し入れると、電話口に出てきた男性職員は「調整します。待ってほしい」と快く応じた。メディアの好意的な取材を当然のものと考えている口調だった。

数日後、取材の連絡窓口を依頼していた出版社の編集者から、「折り返し電話がほしいと広域協組が言っている」との連絡が来た。急いで電話してみると、同じ男性職員は、手のひらを返したように警戒的になっていた。彼は言った。

「あんた、あっち側の人間やないか」

「あっち側の人間」とされたのは、その年の四月、参議院議員会館で開かれた「関西生コンを支援する会」の結成集会で私が発言している模様が、ユーチューブで流れていたからと思われる。「支援する会」は、ルポライターの鎌田慧、評論家の佐高信、宮里邦雄、海渡雄一、内田雅敏の三弁護士、市民団体「平和フォーラム」共同代表の藤本泰成、全日建委員長の菊池進が呼びかけ人になっていた。私自身は、これまで生コン業界とも関西とも縁が薄く、だから関西生コン事件についても、どこかよそ者感があった。ただ、労働基本権で保障されているはずの組活合動を理由に大量逮捕が起きたというのに、労働を取材してきたジャーナリストとして知らん顔はできなかった。そんな思いでのぞいてみた集会で発言を求められ、求められるままに、ドイツの宗教家、マルティン・ニーメラーがナチスの迫害の際に述べた言葉として知られる次のような「ニーメラーの詩」を引用した。

ナチスが共産主義者を連れて行ったとき、私は声をあげなかった　私は共産主義者ではなかったから／社会民主主義者が投獄されたとき、私は声をあげなかった　私は社会民主主義ではなかったから／彼らが労働組合員たちを連れて行ったとき、私は声をあげなかった　私は労働組合員ではなかったから／そして、彼らが私を連れて行ったとき　私のために声を上げる者は、誰も残っていなかった[*8]

そのときの私の関心は、関西生コン事件そのもの以上に、この事件をとりまく社会の沈黙ぶりにあった。ニーメラーの詩のような社会状況によって労組がつぶされれば、働き手はもちろん、働き手の声を伝えるパイプを失った使用者側にもやがては悪影響が出る。そうしたことを大阪広域協組はどう考えているのか知りたかった。

そこで、男性職員に、こう説明した。

「労働側にも経営側にもそれなりの理屈があるはず。皆さんの言い分を聞けば、私は考えを変えるかもしれない。そうした場を設けていただけないなら、労働側の言い分だけを信じて終わりということになってしまいます」

男性職員は、少し意気込んで、こう言った。

「ホントに抜けるんやな?」

ん? 抜ける? そうか、彼らは関生支部を非合法組織のように見なし、こうした組織に洗脳されてしまった私が広域協組の説得を受けて「組を抜け」、真人間に戻るかどうかを聞いているのだ。

「『抜ける』かどうかは、お話を聞いてみないとわかりません。だから聞かせてください」と私は答え、二〇二〇年一月八日に会見が設定された。

大阪広域協組への取材

その日、私は大阪市瓦町にある大阪広域協組へと急いでいた。十分に時間的な余裕を取っていたはずなのに、道に迷い、遅刻してしまった。

近くの店に飛び込んで現在位置を確認したり、協組に電話を入れて事務の女性の親切な案内をうけたりして汗をかきながらたどり着いたのは、迷うのが不思議なくらい堂々としたビルだった。生コンの価格上昇によって潤った協組の空気を感じながら、その上階にある同協組の広々としたオフィスに、私は足を踏み入れた。案内された部屋には横長に机が並べられ、木村理事長を真ん中に、地神副理事長ら理事たちがずらりと左右に並んだ。レオナルド・ダビンチの「最後の晩餐」という有名な絵があるが、ちょうど、そんな形だ。

その前に、椅子がひとつ、ぽつんと置かれていた。面接される学生のように、私はそこに座った。互いに録音可、という約束で、労組に対する対応は不当労働行為とする意見があるが、どう思うか、などと質問した。

役員らは、「労組の労働基本権ならこちらも尊重するが、関生支部のメンバーが今回出荷妨害を行った生コン会社やセメント会社に労働組合員は一人も在籍しておらず、労働争議とはいえない。全くの犯罪行為である」と言った。なかでも印象に残ったのは、「労組は労働条件の改善を求めるものなのに、業務妨害で生コン業者を威圧して、解決金などの名目で多額のカネを要求することばかりしているのはおかしい」という役員の言葉だった。

労組の役割は、時にはストなどの集団的圧力も行使して労働者が企業と達成した収益を労働側にも分配させること、誤解を恐れずに言えば、働き手たちの「カネ」のために圧力をかけることだ。「労働条件の改善」も、適正な労働時間と労働環境で、生活できるだけの時間当たり賃金

（つまり「カネ」）を稼げる条件にもっていくことだ。「カネを要求すること」が悪いとなると、労働者は食べていけない。実際、関生支部はこの間、運転手たちの賃上げという「カネ」の獲得を達成してきている。

役員たちは、「業務妨害」の証拠映像として、大阪港ＳＳでのビデオも見せてくれた。だが、それは編集されたもので、編集によって映像の意味合いが大きく変わることを知っている報道出身の私には、説得材料として弱かった。

首をかしげながら部屋を出る私に、役員たちが近寄ってきて、立ち話になった。そのとき役員の一人が聞いた。「労組というのはその企業の社員が加入するものと私らは思ってきたんやけど。組合員がいない会社に要求するのは、労組なんでしょうか」

日本社会では、企業内労組しか労組でないという観念が染みついている。役員らの強い反発は、収益の分配を強く求める行為に対するものであると同時に、「産別労組」や「スト」という理解不能のものへの戸惑いからきているようにも思えた。

私のような一九五〇年代生まれの者ですら、個別企業でなく、業界全体で行われるゼネストというものはほとんど見たことがない。本格的なストはそれほど減ってしまっている。だが、勤め先の企業を越えて産業全体を見渡す「産別労組」が、業界全体の操業への影響度が高いＳＳという場所を押さえて条件向上のために圧力をかけるという手法は、国際的には珍しくない。

経営のことを知っているのは経営者かもしれないが、一線の職場のことを一番知っているのは、そこで作業をする労働者だ。だから、彼らはどこを押さえれば何が止まるかを知っている。そうした知識は、経営側に労働条件の決定権を握られている労働者にとって、数少ない切り札であり、それを生かしたストという行為は、「産業は、実は自分たち労働者によって動いている」というプライドの表れでもある。

こうした産別労組は、日本の労働法でも否定されていない。加えて、生コン業界のように、中小零細企業が乱立しては倒れ、日々雇用のような一社での継続雇用が難しい労働者が多い業界で働き手の労働条件を守るには、産別労組という組織形態以外に手はない。

役員たちの質問を聞きながら、そんな考えが頭の中を駆け巡った。だが、それらを役員たちに説明しようとすれば、大学の一学期分の講義時間を丸々割いても足りない気がした。

私は、あいまい笑いを浮かべてその場を立ち去ろうとした。そのとき、役員らが言った。「納得がいかないようだが、連帯の中にもその不正を問題にしているメンバーがいる」。

公平を期すためにも経営側の言い分は、できる限り聞いておきたかった。ぜひ取材したいと言うと、急遽、その男性が、京都から駆けつけてくれることになった。私を「抜け」させるために、役員たちも懸命だったのかもしれない。

新大阪駅で予約していた指定席をキャンセルして、駅の中の喫茶店で待った。やってきたのは、一連の大量逮捕のなかで逮捕・起訴され保釈されているという男性だった。ある地区のコンプライアンス活動の責任者でもあったという彼は、「建設現場の安全のためとか、本来の法令順守のためならいいことだが、獲得目標が違う。目的は、法令違反を取りあげて価格協定に従わないアウト業者を協組に加入させるなど、会社側に圧力をかけることだった」と言った。

また、関生支部メンバーの「金銭問題」についても触れた。その根拠を聞いてみた。高級品を身につけているなど、傍証めいた出来事がいくつか挙げられたが、「不正な使い込みなどを示す具体的な証拠は？」と聞くと、はっきりしたことは出てこなかった。

「それに」と男性はつけ加えた。「関生支部の思想信条は、いまに合わない」。

取調中に形づくられた、そうした「疑念」が、釈放後に他の組合員に伝えられ、組合員の不信感の高まりに一役買ったということを、後に他の組合員から聞いた。「逮捕」は、社会との関係を遮断し、多角的な情報収集を難しくすることで、人の価値観を大きく変える効果も持つのだと思った。

取材が終わりかけた頃、彼の携帯が鳴った。「あとでかけなおします」と彼は答えた。それをしおに私は立ち上がり、東京行きの新幹線に乗った。

「暴力集団」という読み替え

会見を終えて東京に帰ってくると、協組側から「添付の文書が正式な回答で、それ以外のことを掲載したら弁護士に相談して法的な措置をとる」といった趣旨のメールが来た。添付の文書は次のようなものだった。協組側の要請にこたえて、その内容を次に紹介してみよう。

「連帯は、長きにわたり労働争議と称して過激かつ執拗な手段で特定の生コン業者の業務を妨害したり、その後解決金名目で多額の金銭を払わせるなどを繰り返してきたため、生コン業者から畏怖されていた。連帯はその畏怖心に突け込み、平成二七年一一月以降、大阪広域協組の全加盟会社から環境整備費の名目で生コン出荷一立方メートルにつき一〇〇円を支払わせてきた。ところが、大阪広域協組側が連帯との歪んだ関係を解消すべく、環境整備費の支払いを停止する方針等を打ち出すや、連帯は環境整備費の支払いを継続させるなどの意図で、二〇一七年一二月一二日以降、ゼネストと称して連日二〇〇名以上の組合員を生コン業者が原料のセメントを仕入れに行く各セメント会社のSSや広域協組の生コン会社に大挙押しかけさせセメントや生コンの出荷・搬送を妨害する威力業務妨害行為に出た。」

「これにより大阪広域協組及び加盟各社は、一部でセメント納入や生コン出荷ができなくなるなどの大きな被害」を蒙り、同協組はスト直後から理事会を開いて対応を検討、ゼネストを犯罪とみなして「威力業務妨害・組織犯罪撲滅対策本部」を立ち上げ、翌年一月の臨時総会で、関生支部の威力業務妨害や訴訟に備えるため同本部に一〇億円の予算を計上することなどを満場一致で決議した、という内容だ。

会見の場での役員らの主張も、ほぼこれにつきていた。スト直後の大阪駅前のヘイトグループ宣伝も、大阪地裁公判での検察側の冒頭陳述も、この広域協組の主張と同じストーリーだった。

広域協組側の主張を補足する意味からも、下記に検察側の陳述の要点を整理しておこう。

●被告組合員らはゼネスト当日、出荷を防ごうとトラックの前に立ちふさがって邪魔し、企業に約二〇〇〇万円の損害をかけた。これは威力業務妨害にあたる。

●運賃は各生コン各社と輸送各社の間の交渉事項としており、関生支部の組合員がいない会社に対してストをするのは違法であり、輸送契約の当事者ではない協組へのゼネストは労働争議とは認められない、

●関生支部は、組合員の福利厚生費として生コン会社から一立方メートルにつき一〇〇円、総出荷量とかけると約五億円の「環境整備費」を徴収し、「解決金」として多額の資金も支払わせてきた。ゼネストは協組にこれらの継続を断られたために行ったもので、賃上げという正当な理由によるストではない。

これに対し、弁護側の冒頭陳述は、「威力業務妨害」とは「威力を用いて人の業務を妨害すること」で、暴力を振るわず、物を壊したわけでもなく、メガホンで大音量を出したわけでもない今回のストは「人の意思を制圧するような勢力を行使」するという「威力」の定義にはあたらないと反論している。

繰り返しになるが、産別労組などの場合、組合員が在籍していない会社に対しても働きかけ、

業界全体の働き手の条件改善を求めることはありうる。

加えて、現実の労働市場では「企業別労組」からはじき出される非正規や請負の労働者は増え続けている。こうした支えのない働き手のためには、むしろ企業の枠を超え、企業外からも労働条件の改善を求めていく産別労組は必要だ。だとすれば、「企業内に組合員がいない場合は組合活動ではない」と狭めていくいまのあり方は、労働市場の変化に対する逆行ではないのか。

広域協組の言い分は聞けた。だが、もう一方の当事者の武委員長にはこのとき、取材したくてもできなかった。滋賀のコンプライアンス事件に絡んだ二〇一八年八月二八日の逮捕以来、ゼネスト事件での「威力業務妨害」容疑での逮捕など六回の逮捕を繰り返されて、この時点で約五〇〇日間もの長期勾留が続いていたからだ。両方の当事者の言い分を聞くべき労使紛争を刑事事件化する弊害が、ここでも露呈した。

しかも、いずれの事件でも、委員長自身は労組の事務所にいて現場には行っていない。どうやって「威力」を用いるのかと疑問だったが、検察側は公判で、ゼネストを「計画」「指示」したことを威力業務妨害の「共犯」とした。だが、普通に考えて、労組の委員長がストを指示したら有罪というのは、餅屋が餅をつくったら有罪というようなものではないのか。

だが、そうした疑問が起きるのは私が関西生コン事件を労働事件と考えるからだ。「関生支部は労組ではない、だから労働事件ではない」としてしまえば、労働者の待遇改善のための賃上げ要求やコンプライアンス活動などすべてが労組の活動ではなく、「カネ目当て」の「嫌がらせ」

「脅し」「不当な圧力」と言い変えることができる。「組合員がいない会社に要求する労組がありうるのか」という広域協組役員の質問が頭をよぎった。
労組に対して、「これは労組ではない」とレッテルを貼ることによる、新手で強力な労働運動つぶしの手法が、そこにあった。

*1 関西生コン関連労組連合会第二回総会運動方針案。
*2 榊原嘉明、鑑定意見書、二〇二〇年六月九日。
*3 大阪広域協組第五九七回理事会議事録、二〇一八年一月九日。
*4 https://www.youtube.com/watch?v=L_wzGUu2-zM
*5 石橋学「〈時代の正体〉差別主義者の居場所なくす　川崎で『ヘイト講演』」、二〇一七年三月二五日付神奈川新聞デジタル編集部「カナロコ・オピニオン」。https://www.kanaloco.jp/news/social/entry-10368.html
*6 関生支部が提訴した損害賠償請求訴訟の訴状、二〇一八年七月二四日。
*7 大阪地裁第一民事部、平成三〇年（ヨ）第一〇二号地位確認仮処分申立事件決定、平成三〇年六月二一日。
*8 「マルティン・ニーメラー財団」サイトから。訳は竹信。http://martin-niemoeller-stiftung.de/martin-niemoeller/als-sie-die-kommunisten-holten

第4章

労働分野の解釈改憲

［写真］労働基本権の侵害に抗議する労働法研究者有志声明が発表された記者会見
＝2019年12月、東京・霞が関の厚生労働省記者クラブで撮影

逮捕は翌二〇一九年になっても、なお収束の兆しを見せなかった。

大阪港ＳＳのゼネストなどをめぐる大量逮捕から一年近くたった同年六月一九日、京都新聞デジタル版に、次のような記事が掲載された。

「関西生コン支部幹部ら七人、業者脅した疑いで逮捕　京都府警」の見出しに続いて、「生コンクリート業者を脅したとして、京都府警組対一課と木津署などは一九日、強要未遂と恐喝未遂の疑いで、全日本建設運輸連帯労働組合関西地区生コン支部の男（77）＝筆者注：住所省略＝や副執行委員長の男（46）＝筆者注：住所省略＝ら七人を逮捕した」とあった。

さらに、「二〇一七年一〇月から一八年四月、木津川市の生コン製造販売会社の事務所に押しかけ、社長を怒鳴りつけるなどし、同社のアルバイト男性（48）を正社員として雇用するよう不当に要求した疑い。また、同社のミキサー車一台を男性に譲渡する旨を記した誓約書を社長に示した上、『はんこをつかなければ、大変なことになる』などと脅した疑い」と続く。

こうした書き方では、何の変哲もない恐喝事件にしか読めない。逮捕された男性たちが「男」と表記され、住所までさらされているのを見ても、凶悪犯扱い以外の何物でもない。

だが、妙な違和感があった。まず、「正社員として雇用するよう不当に要求」というのは、脅しの事件としてはあまり一般的ではない。これは労働運動によくある正社員化要求ではないのか。やがて別の記事から、保育園に子どもを通わせるために必要な保護者の就労証明書を強く要求したことも「強要未遂」として逮捕要件になっていることがわかってきた。保育園に通わせるための書類の要求が恐喝になる？　つまり、労働条件の改善要求に類する行為が次々と罪とされ、逮捕されたのではないのか。

そう思い始めると、長期の内偵が必要とも思われない事件なのに発生が二年も前という点も、「大変なことになる」という脅し文句が滋賀県警のコンプライアンス事件と同じという点も、気になってきた。

子どもまで巻き込んだ逮捕劇

実は、私が関西生コン事件について、最初に本気で何とかしないといけないかもしれないと感じ始めたのは、この京都新聞の記事からだった。滋賀事件も大阪港ＳＳゼネスト事件も、おかしいと感じてはいたが、どこか「関西という遠い地域の労組をめぐる労働事件」という感覚が抜けなかった。しかも、ヘイトグループと経営側と警察の三つが相手というややこしさだ。どれかひとつなら何とか対応もしようが、三つとなると、やはり気が重かった。

だが、正社員化や就労証明書の要求までが「強要未遂」とされたとなると、これはもう、他人事ではない。非正規の正社員化要求は、ワーキングプア問題の解決にとっては死活問題だ。就労証明書となると、ことは子どもにまで影響が及ぶ。就労証明書は保育園に通う際に必須の書類だからだ。そんな生活の基礎となる証明書を要求したことが、逮捕にまで発展するのか？　会社側がどんな「不当な要求」を受けたか知らないが、子どもの通園までダシにしなくてもいいだろう、大人の紛争に子どもを巻き込むな、と思った。

そのとき頭に浮かんでいたのは、何十年も前、保育園がいっぱいで生まれたばかりの息子の入所を断られ、途方に暮れていた自分の姿だった。保育園に預けられないことは働く女性にとって、退職を意味する。そのときの嫌な記憶に背中を押されるように、私はこの事件についてインターネット記事を執筆した。それが関西生コン事件についての取材の皮切りとなり、同年一〇月の京都駅前での女性運転手ら三人の取材に発展することになる。

逮捕された組合員たちへの取材によると、この事件は、二〇一七年一〇月、京都府木津川市の生コン製造販売業者「村田建材」の運転手が正社員化を求めて関生支部に加入し、それを会社に通告したことから始まる。同社は「加茂生コン」というブランド名で営業活動をしていたことから、この事件は「加茂生コン事件」と呼ばれることになる。

会社側は、「うちは廃業する」「組合に加入した男性は個人事業主の請負運転手で、雇っているわけではない」として団体交渉を拒否し、一一月中旬には毎年この男性に交付していた就労証明書も出さないと言い出した。

こうした会社側の対応のなかで同月三〇日の期限までに市に証明書を出さないと次年度の保育園の手続きが難しい事態に男性は追い込まれ、組合員たちは焦り始めていた。これは、労組に加入したことに対する嫌がらせ、つまり労働基本権に反した不当労働行為だ。そんな思いから、組合員たちは、何度も会社に要求に出かけた。

市からは、「会社に廃業の予定があっても、現段階でその会社で働いているならその証明書を出してほしい」と言われた。一一月二七日、関生支部は会社に対する要求の場で、市の意向を会社側に伝えた。そのとき交渉相手になっていた経営者の妻は、組合員たちの目の前で、市に確認の電話を入れた。市が確認した直後、妻はにわかに体調不良を訴え、救急車を呼んだ。

その後も証明書は交付されず、組合員たちは申請期限の直前に市に相談に駆け込んだ。市は、保護者が暫定的な書面を書くことでとりあえず手続きを取るという緊急避難の代替案を示し、正式な就労証明書を後で提出することを条件に、かろうじて通園はできることになった。

それから一年半もたった二〇一九年六月、この事件を理由に、関わった関生支部員らが逮捕された。刑法二二三条の「強要罪」は「生命、身体、自由、名誉若しくは財産に対し害を加える旨を告知して脅迫し、又は暴行を用いて、人に義務のないことを行わせ、又は権利の行使を妨害した者」に対する罪だが、会社が正社員化にも就労証明書の交付にも応じなかったため、容疑は「強要未遂」とされた。

だが、雇っている運転手なら会社には団体交渉を受ける「義務」はあったはずで、義務のないことを行わせたわけではない。この点について会社側の社会保険労務士は、事件が起きたとき、「請負だから団交の義務はない」としていた。

一方、検察側は、二〇一九年七月の起訴状で、男性は「同社の日々雇用の運転手」(つまり、雇用している）としていたが、その後の書面では「仕事がある時だけ呼ばれて運転手をして」（同年八月）いた、「労働基準法上の労働者に該当するか否かについては主張しない。その該当の有無にかかわらず、本件では、強要未遂罪が成立する」（同年九月）、「労働者に該当するかどうかは主張しない」が、会社との契約が「日々契約であり、社員のように勤務日や勤務時間が拘束されていないことなどを理由」に、同社と男性は「請負関係にあると考えていた。」（同年一一月）と、くるくる変わっている。ちなみに、同年一二月の大阪府労働委員会の命令では、男性は「労働組合法の労働者」とされている（7章参照）。

検察側の主張の変転ぶりからは、「請負だから団交の義務はない」との当初の使用者側の見方を受け入れ、団体交渉権については真剣に検討しないまま起訴した形跡がうかがえる。

だが、二〇二〇年一二月一七日、京都地裁は、就労証明書を求めて抗議した組合員二人に、有罪判決を言い渡した。労組に加入した男性の子どもの保育園通園のため、就労証明書の不交付に抗議したことを「強要未遂」とし、交渉に参加したメンバーのうち二人を懲役一年と懲役八か月（いずれも執行猶予三年）とする判決だった。

検察側が、団交申し入れ後の組合員らの行為のすべてを「強要未遂」としたのに対し、判決は、交渉を時間で区切り、経営者の妻が体調不良を起こすまでの労組の行動は「団体交渉の要求を超えて脅迫に至っているとまではいえない」とした。ただ、その後は妻の体調不良にもかかわらず執拗に要求しているため、その部分が強要罪の要件の「脅迫」にあたるとし、証明書は結局交付されなかったため、「強要未遂」による有罪が言い渡された。団交を受ける「義務」の有無の判断に正面から切り込まない、及び腰の判断と言える。

また、弁護側は、子ども子育て支援法四条に「事業主の責務」として、「子育ての支援に努めるとともに、国又は地方公共団体が講ずる子ども・子育て支援に協力しなければならない」とあることから、会社側には就労証明書を発行する「義務」があったと主張した。

これについても裁判所は、「その条項は理念的なもの」とし、就労証明書がなくても入園は認められたのだから「義務」があったとまでは言えないとした。

これは働く父母にとって深刻な判断だ。そうした解釈が通用するなら、保育園に入れるために、勤め先に就労証明書を求め、これを出してもらえなくても、責任を問えないはめに陥りかねないからだ。

雇用の保障要求も「金品の恐喝」に

この事件の裁判資料[*1]を読んでいくうちに見えてきたのは、保育園入園をめぐる証明書の要求という、ごく当たり前の生活要求までが、関生支部が経営側から金を脅し取るための嫌がらせの一環だったとする検察側の位置付けだった。

その見解は、事件の前年の二〇一六年ごろのできごとから来ている。そのころ関生支部は「業界への影響力を強め」るため、京都府内にあった五つの協同組合を糾合して連合会を設立しようと協組の関係者たちに働きかけ、加茂生コンの経営者が反対の立場だったため、県境を越えて同社が生コンを供給していた奈良県内の工事現場でコンプライアンス活動を行った、と検察側は述べている。ここでは、ミキサー車のナンバープレートが汚れていて見えないこと、タイヤがすり減っていることについて是正を求める形で「妨害行為」が行われたとされ、「『コンプラ』とは関生支部が、生コン業者や施工主に些細な法令違反を指摘して、工事の妨害をする行為をいう」とする独自の定義も登場している。

先に引用した京都新聞のネット記事で「全日本建設運輸連帯労働組合関西地区生コン支部の男(77)」「副執行委員長の男(46)」とされている七七歳の男とは武委員長、四六歳の男とは、湯川裕司副委員長だが、この二人は、これまで述べてきた就労証明書の要求行動には、まったく登場しない。にもかかわらずこの事件で逮捕されたのは、保育園のための証明書要求までが連合会に反対する加茂生コン経営者に対する「嫌がらせ」の一環と解釈され、二人がそれらを指示したりした、とされたからだ。

京都府警の事件では、ほかに、「ベストライナー事件」と「近畿生コン事件」がある。いずれも関生支部が、京都の生コン協同組合から「解決金」を脅し取ったとされる事件だ。

労組を「暴力団」と定義しなおす手法の下で、労働用語が次々と暴力団事件用語に置き換えられ、労組の要求行動のすべてが、委員長の意に反した経営者への嫌がらせに変換されていったことなる。

それでは、現場で「労働運動」として携わっていた側にとって、事実はどう見えていたのだろうか。それを聞くため、二〇二一年五月、私は湯川に取材した。

湯川は二〇〇二年、生コン業界で非正規の運転手として働き始め、二〇〇八年ベストライナー社に移る中で、労組を結成して自らの正社員化も実現してきた。関西生コン事件では滋賀県警、京都府警、和歌山県警の九つの事件について逮捕されているが、いずれも事件の現場にはいない。推理小説では防御の決め手となる「アリバイ証明」が、通用しない世界である。加えて湯川は、一つの事件で勾留期限が切れると次の事件で逮捕、という図表5のような勾留延長と府警・県警による時間差逮捕によって、二〇一八年八月から二〇二〇年六月にようやく釈放されるまで、この事件の逮捕者のうち最長の六四四日勾留され続ける特異な体験をしてきた。

湯川への取材からは、検察側のストーリーが触れていなかった部分が見えてくる。まず、関生支部側が「業界への影響力を強め」るため五つの協同組合に連合会への加入を働きかけた、とされている点だ。

二〇一六年当時、京都の生コン業界は、生コンの値崩れに悩み、連合会の設立で個々の業者の乱売を規制して価格維持を図ろうと関生支部に「アウト業者」の説得を相談、その協力で二〇一七年、連合会が設立され、値崩れは止まっている。値崩れが止まれば運転手らの過剰な長時間労働がなくても生コン会社の利益が上がり、賃上げも可能になるという判断があり、労働条

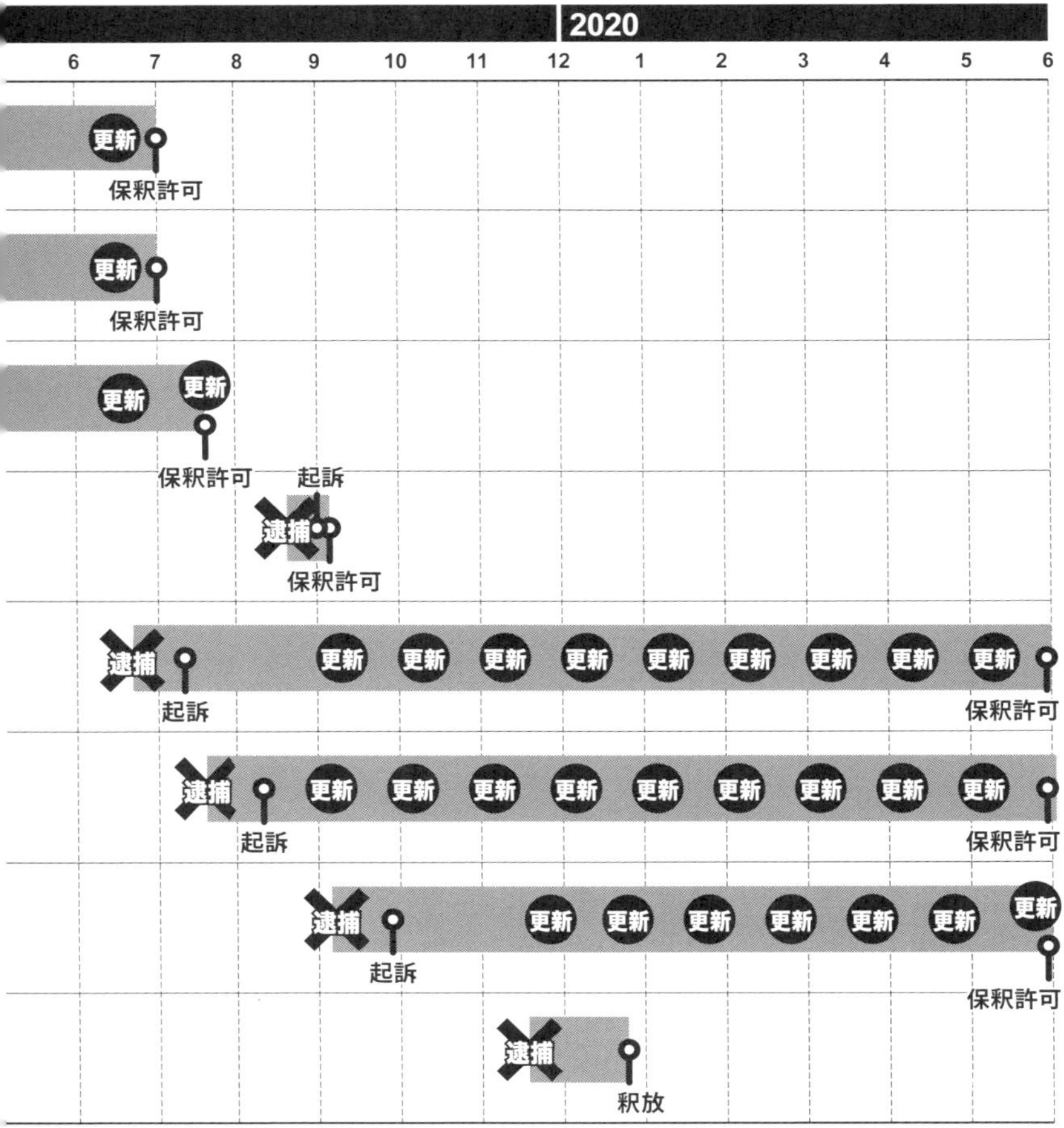
2020
6
7
8
9
10
11
12
1
2
3
4
5
6
更新
保釈許可
更新
保釈許可
更新
更新
保釈許可
起訴
逮捕
保釈許可
逮捕
起訴
更新
保釈許可
逮捕
起訴
更新
保釈許可
逮捕
起訴
更新
保釈許可
逮捕
釈放

図表5◉恣意的な長期勾留（湯川裕司の場合）

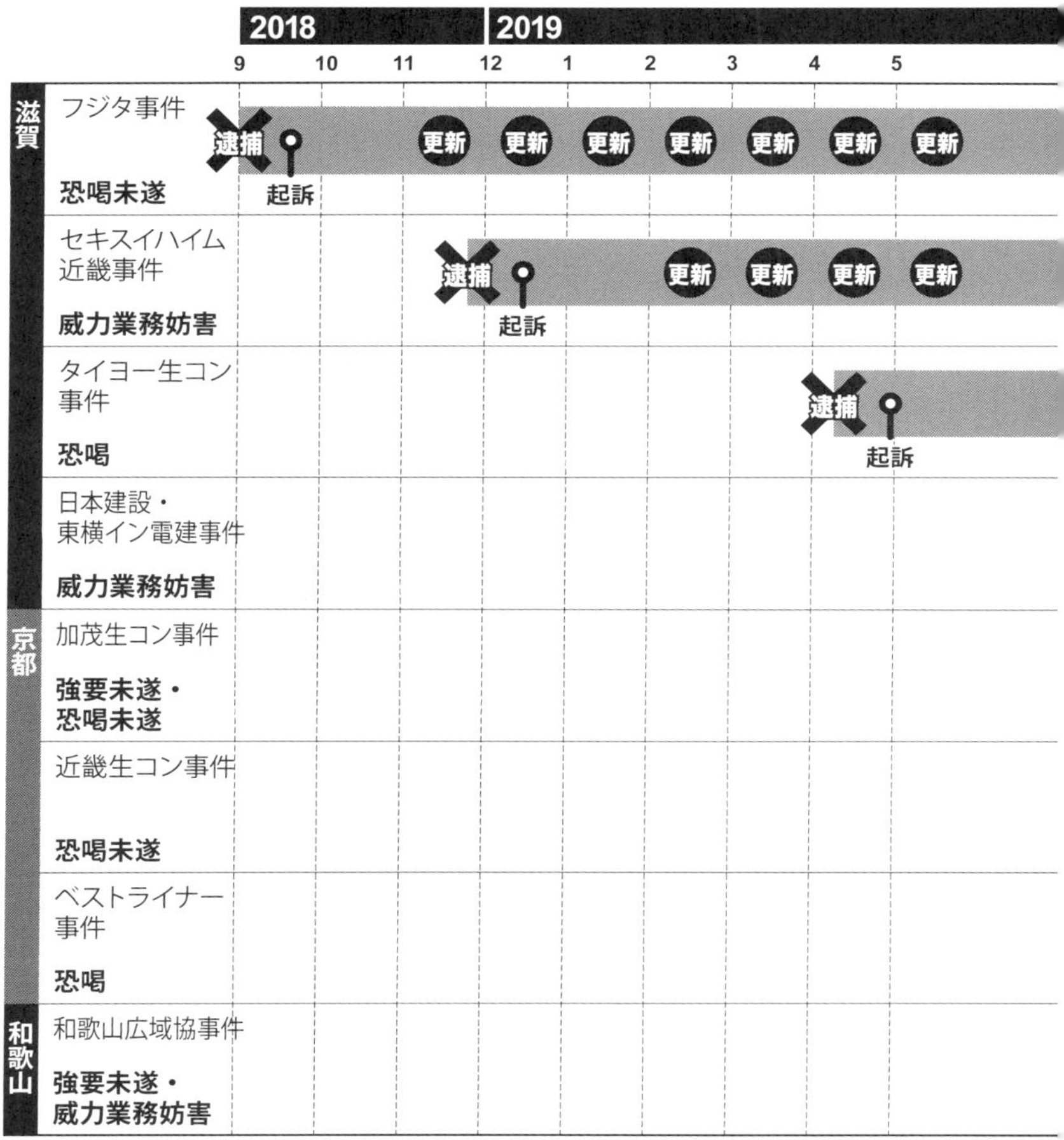

件の改善という労組ならではの目的がそこにあった。

「解決金」の意味も、検察側のストーリーとは大きく異なる。

加茂生コン、ベストライナー、近畿生コンのいずれにも関生支部の職場分会が結成されてきたが、雇用主は、関生支部を排除するために廃業や企業閉鎖などの措置に出ようとしてきた。そうなれば運転手は仕事を失う。労組側から見れば、それらは労働組合の存在を否定するための使用者側の「不当労働行為」である。

中小零細が多いこの業界では、このように、労組ができると会社をつぶして労組のない別の会社をつくるというやり方は珍しくない。こうした会社側の手法に対し、雇用を失った運転手の雇用補償として、また、こうした不当労働行為へのペナルティや損害賠償として、解決金で決着をつける方法を、労組側は編み出してきた。起訴状などで「ミキサー車の譲渡」という一見、唐突な要求が出てくるが、これも、仕事の道具を保障させ、とりあえず自営でも生コン運搬ができるようにすることで、失職後の運転手の生計維持を図らせるためだ。こうした手法は関生支部に限らず、日本の多くの労働組合が駆使してきた。

大手のような退職金制度がない業界にとって、これは働く側が生きるための苦肉の策であり、だからこそ、労組法に保障された労働者の生活の向上を目指す組合活動の一環となる。そうした活動から目的と背景が削り取られ、形式的な「金品の脅し取り」の構図にはめ込まれたのが今回の事件、というのだ。

検察側の主張でもうひとつ省かれているのは、近畿生コン事件では、破産で競売にかけられた生コン工場をアウト業者が買い取るようなことにでもなれば、協組に加盟する経営側も困るという事情があったことだ。そうなれば、業界内に値崩れ防止に同調しない新規業者が参入することになり、乱売合戦の火種となる。近畿生コン事件で起きた工場の占拠は、組合員の雇用確保のための労働運動であると同時に、アウトによる買収を阻止して生コン価格の下落による業界破壊を避けたいと考える協同組合側の要請でもあった。

その意味で、加茂生コン事件で行われた奈良でのコンプライアンス活動は、地域の協力でなりたっていた価格維持が、京都からの越境販売というルール違反によって壊れないようにするための現場監視の意味もあった。

こうした、「生コンの値崩れの防止」という労使の双方に関わる業界的な目標があったことが、検察のストーリーからきれいに外されている、と湯川は言う。

しかも、「近畿生コン事件」で問題にされた協同組合による解決金の支払いは二〇一六年、「ベストライナー事件」に至っては二〇一四年で、いずれも決着がついている。三年前や五年前の行為については関係者の記憶もあいまいになっているはずで、正確な立証ができるのかという疑問もわいてくる。また湯川は、警察での取調中、「トップの武の逮捕で関生の現在は抑えた。君の逮捕で関生の未来も抑えた」と言われたという。本来の狙いである事件の証拠固めのためでなく、組織つぶしのための逮捕・勾留だったということか。

和歌山県警の出動

加茂生コン事件で京都府警による逮捕の約一か月後の二〇一九年七月二三日から一一月一四日にかけ、今度は和歌山県警による、計五人の組合員の逮捕が起き、うち三人が起訴された。「和歌山広域協組事件」である。

一一月一四日に逮捕され、不起訴になった西山直洋は、いまだにこれが逮捕されるような事件だったのかと首をかしげる。以下、西山の体験からこの事件をたどってみよう。

西山は、一九九六年、車の板金塗装業からミキサー車の日々雇用の運転手に転身した。その前年の阪神大震災後の復興需要で、生コン車の運転手は人手不足だった。ミキサー車に乗るには関生支部に加入する必要があった。社員として働くには労組に自動加入するユニオンショップ協定を同支部と経営側が結んでいたからだ。

関生支部は、ほかにも「日本離れ」した仕組みがたくさんあって、企業内労組しか知らない西山には驚くことばかりだった。組合活動には通常の有給休暇以外に有給で三〇日間の組合活動休暇が保障されていた。海外にはそうした制度を勝ち取っている労組は結構ある。それがなければ、組合活動のために生活時間を切り崩すしかないからで、それは日本の組合活動、とりわけ子育て中の女性の活動を阻む大きな要因となっている。二〇〇三年には、日本のセメント大手に買収された韓国企業の争議の支援を兼ねて連帯ユニオンが全国の仲間から集めた費用で留学し、午前中は大学で韓国語を学び、午後は労組で共に活動する日々も送った。

そんな西山が巻き込まれることになった「和歌山広域協組事件」は、二〇一七年八月、関生支部の和歌山担当執行委員らが和歌山広域協組の事務所を訪れたことから始まる。和歌山広域協組は、生コンの価格安定を目指していた和歌山生コン協組連合会傘下の協組を脱退して生コンの安値販売を始めた生コン業者と、和歌山県生コン工業組合の丸山克也理事長が設立した協組だった。関生支部は、連合会の価格安定の取り組みに協力し、この企業を元の協組に復帰させようとしていた。

当時、関生支部の事務所の周辺には和歌山ナンバーの車が連日姿を見せるようになっていた。同支部の組合員らがこれをみとがめ、乗っていた男性二人を問い詰めて警察に連絡した。警察官が二人を連行し、「暴力団関係者だ」と話していたと、西山は仲間から聞いた。

和歌山では前述のように、生コン業者との緊張関係があり、組合員らは警戒を強めていた。また、連合会を脱退した生コン業者の会社の労働者が関生支部に加入し、これを会社側に通知した時期でもあった。暴力団関係者を差し向けたのはこの生コン業者か和歌山広域協組の実質的運営者の丸山ではないかと疑う声が出て、和歌山担当の執行委員らは、この生コン業者や和歌山広域協組に暴力団関係者を差し向けた事実があるかどうか確認を求めることにした。西山もこれに同行することになった。

当日は、出向いた四人のうち三人が事務所内に入り、丸山と話し合いを始めた。西山だけが事務所の外で、中の会話を聞いていた。三人の中の一人は、丸山が暴力団を差し向けたのではないかと声を上げて抗議したが、残る二人はむしろこれを抑え、冷静に話していた。やがて当の組合員が関生支部を脱退してしまい、この事件はそれきりになった。

それから約二年もたった二〇一九年七月、「事務所内で丸山氏を脅した」との容疑で逮捕が始まった。事務所内に入った三人が起訴され、現場にはいなかった湯川副委員長が「行動を指示した」として逮捕された。さらに一一月一四日の早朝、丸山と会話さえ交わしていなかった西山の自宅に警察が逮捕にやってきた。西山は逮捕令状にあった自分の名前の漢字が違うことに気づき、いったん押し戻した。午後、警察は再度やってきて修正した逮捕状を示し、西山を逮捕した。

逮捕の日は、「Xバンドレーダー（ミサイル早期警戒システム）事件国家賠償訴訟」の西山の証人尋問予定日の前日だった。この事件は、Xバンドレーダーの配備反対運動に絡んで関生支部事務所が警察の捜索を受け、これを不当として国家賠償を求める訴訟を起こしたもので、西山はその証人として出廷するはずだった。

実は西山は和歌山事件の逮捕に先立ち、二〇一八年、大阪港SSゼネスト事件にからんで逮捕され、勾留中の大阪拘置所内で、この国賠訴訟の証人尋問を受ける予定だった。ところが、滋賀事件にからんで滋賀拘置所に移送されることになり、この尋問は延期された。滋賀の事件では保釈され、二〇一九年一一月一五日に再度、証人尋問が予定されていた。この尋問に間に合わなければ、判決に影響が出かねない状況だったが、その尋問予定日前日、和歌山事件での逮捕があり、またしても尋問は延期された。

その二週間後の一二月四日に西山は処分保留で釈放され、同月二七日、和歌山事件での西山の不起訴は確定する。西山は「逮捕の期日から見て、和歌山事件の立証のためでなく、国賠訴訟での証人尋問を妨害するための逮捕だったとしか思えない」と話す。確かに、現場の行為に直接かかわりのあった三人は四か月近く前に逮捕され、公判へ向けた証拠固めは終わっていてもおかしくなかった時期だ。

西山の逮捕のわかりにくさはもちろんだが、三人の起訴についても首をかしげたくなる点がある。裁判資料などから見ると、和歌山広域協組の事務所内で激しい口調で追及していたのは居合わせた関生支部員らのうち一人だけだ。この一人の行動を取り上げ、他の二人の組合員も「威力業務妨害」の「共犯者」として起訴しているからだ。弁護側はこれについて、法廷で「行き過ぎ」と指摘している。こうした手法がまかり通れば、市民運動が交渉を行ったりしたとき、突出して激しい言動を行う参加者が一人でもいて、それが強要未遂などで起訴されたら、他の参加者みなが「共犯者」として罪に問われることにもなりうる。仮に警察側が、そうした要員を意識的に交渉の場に紛れ込ませ、大声を上げて追及させれば、その場にいた参加者を、みな罪を問うことも可能になるのではないのか。

また、この事件でも、和歌山広域協組に関生支部に属する組合員がいないことを理由に、組合員がいない会社に押し掛けるのは労組の活動ではないから刑事事件からの免責はないという大阪港SSのストの際と同様の検察の主張が、繰り返されている。

労組法の刑事免責について、取り調べで西山が警察官から聞いた次のような言葉は、警察側の労組法理解の不正確さを垣間見せる。

警察　今回は完全に公判維持できる。

西山　無理やで。労働組合活動については刑事免責となっているのを知らんのか？

警察　自分らのは組合活動じゃない。あきらかな脅迫だ。

西山　暴力団を使ったことに抗議したらいかんのか？

警察　自分ら、刑事免責とかいうが、労働組合法にはそんなこと書いてない。自分ら、暴力せえへんかったらなんでもいけると思うてるやろ。*2

3章でも述べたように、労組法一条には、「労働組合の団体交渉その他の行為であって前項に掲げる目的を達成するためにした正当なものについて」刑法の免責の適用がある、とちゃんと書いてある。「前項に掲げる目的」とは、「労働者が使用者との交渉において対等の立場に立つことを促進することにより労働者の地位を向上させること」とあり、使用者側の組織である和歌山広域協組への抗議行動がその目的にかなわないとは言えない。

西山と湯川については公判の維持は結局できないと判断されたためか、不起訴になっている。こうした一連の経緯を見ると、和歌山事件は、無理筋が多すぎる。

二〇一八年七月から二〇一九年一一月まで続いた長い長い逮捕劇は、このような、和歌山県警による西山逮捕を最後にようやく止まった。次からは、働き手の組合活動を保障するはずの憲法や労組法が、この事件で、どのような論理や手法を通じて無力化されていったかを整理し直してみたい。

共謀罪の影

振り返ってみると、加茂生コン事件も和歌山広域協組事件も共通の特徴がある。「事件が起きた現場にいなかった人間が罪に問われる」という点だ。すでに述べたように京都新聞の加茂生コン事件の記事で逮捕が伝えられた「七七歳の男」や「四六歳の執行副委員長」は、就労証明書の要求行動の場にはいない。「七七歳の男」、つまり武委員長は、滋賀県警のコンプライアンス活動の行動にも参加していないし、大阪港SSのゼネストにも参加していない。にもかかわらず被疑者として逮捕されている。犯罪は普通、行為、つまり「やったこと」について問われるのではなかったのか。

検察側はゼネスト事件の公判で、武委員長がゼネストを「計画」「指示」したことが威力業務妨害の「共犯」にあたるとしているが、これは二〇一七年、大きな反対運動を押し切って国会を通過した共謀罪（テロ等準備罪）を思わせる。

共謀罪は、「犯罪の実行行為を罰する」という従来の原則に対し、「犯罪の計画への合意」などを罪とし、犯罪を実行前に処罰しようというものだ。頭の中、つまり、思想の取り締まりにつながりかねないという批判が、そこにあった。

同罪の対象となる二七七の犯罪には「組織的な威力業務妨害」も含まれている。「組織的」というと「暴力団のことか？」と思う人は多いかもしれない。だが、その定義は明確ではない。このため、「反社会的勢力」とレッテルを貼れば労組や市民運動の取り締まりにも利用されうることが心配されていた。

共謀罪に詳しい海渡雄一弁護士は総合雑誌『世界』（二〇一九年五月号）の関西生コン事件についての記事で、次のように書いている。

「共謀罪は勃興期のイギリス労働運動を一五〇年にもわたって苦しめ続けた前科がある。そして、今、二一世紀の日本で、ストライキで労働者が労働条件を求めて闘ってきた、生コン支部という産業別労働組合による労働運動が、共謀罪型の弾圧によって、解体の危機にさらされている」

「工藤會」摘発の手法

一連の疑問の解明に役立ちそうなのが、大阪港SS事件の検察側の論告要旨の中の記述だ。ここでは、関西生コン事件の随所に現れる「現場にいなかった人」を罪とする手法が、どのような論理の下で行われているかが示されている。

「武は、関生支部の思い通りにならず、金品要求を拒むことも辞さない○○や××ら大阪広域協組執行部に対し、敵意を抱くとともに、○○らが大阪広域協組を主導し、関生支部と対決姿勢を強めていることや、ミキサー車輸送業者の『一本化』など関連業者の施策も推進して生コン関連業界を主導しようとしていることに対し危機感を募らせ、時期をみて出荷妨害等により攻撃しようとしていたものと認められる」[*3]（人名部分言い変えは筆者）

つまり、検察側の見方では、関生支部のストライキやコンプライアンス活動は、組織のトップである武委員長が、「環境整備費」や「解決金」などの「金品」を払わないことなどに怒り、嫌がらせのために、組合員に指示して行わせたもの、ということになる。

このように描き出された行為とそっくりの犯罪に対する取り締まり方を書いた本がある。『県警VS暴力団〜刑事が見たヤクザの真実』[*4]だ。暴力団対策に携わってきた刑事、藪正孝が、「工藤會」という暴力団組織との「三〇余年にわたる戦いの軌跡」をめぐって書いた体験記である。

ここでは、暴力団が一般の店などを脅して定期的に「みかじめ料」と呼ばれる上納金を巻き上げるなどの手口が紹介される。しかも、実際にことを行うのは指示を受けた一線の組員であり、その組員は被害者への利害や怨恨はないため、直接には犯行の理由がない、とされる。「みかじめ料」を「環境整備費」「解決金」、「組員」を「組合員」と置き換えると、検察側の頭の中にどのような世界が繰り広げられていたのかよくわかる。

この本では、「組織的銃撃事件はなぜつかまらないのか」として、事件を指示した上部の者に処罰の手が及びにくい三つの理由も挙げられている。

①暴力団員が組織のために行う事件の場合、弁護士の支援、高額な差し入れ、家族の生活費、出所後の組織内昇進があり、上部の関与を認めると差し入れが止められ、時には命も狙われる。
②親分子分の縦ラインの暴力的内部統制があり、そのラインで襲撃などの指示がなされるため、実行犯以外は組織内でも知られていない。
③実行犯と被害者の結びつきがない。

これらの特徴から、真の実行者であるトップを処罰しないと事件の根は断てないとして、「司法取引」的な手法の必要性なども主張される。

著者の藪は、そうした暴力団事件の性質から「テロ等準備罪」に賛成の立場を表明し、これが拡大解釈されて市民運動などの取り締まりに利用されるとの懸念に、「武器を持たせることとイコール濫用というのは、あまりに安直な結びつけ」と反論する。日本の警察官は、銃を携帯していても発砲は抑え、警棒で対応しようとするなど、取り締まりについて抑制的だから大丈夫、というのである。

さらに、ストを禁じる国家公務員法や、軽犯罪法でも共謀罪はすでに存在しているが、それによって検挙されたという話は聞いたことがないとし、「組合活動などに乱用しようとすればできたはずだ。しかし、警察はそのようなばかばかしいことはしていない」と述べる。

加えて、人のすることだから暴走もあるかもしれないが、「今の時代において、裁判所もメディアも、そして国民も、決して警察の暴走を許さないだろう。雪崩を打つように無謀な戦争に走った昭和の時代とは異なる」と続ける。

だがその見通しを裏切って、関西生コン事件では、労組の活動に対して「指示・計画」したトップが実際に逮捕された。

ダブルスピーク

それを可能にしたのが、先に述べたような、労組の活動を「暴力団の手法」に置き換え、労働用語をひとつひとつ暴力団の用語に置き換えていく方法だ。そこでは、「環境整備費」「解決金」

が、「みかじめ料」になっただけでなく、労働基本権の行使が「金品獲得のための嫌がらせ」となり、ストなどについての労組の決定は、武委員長という「組長」から末端「組員」への指示となり、罰せられるべきは現場にいなかった委員長、ということになる。

こうした読み替えの手法に基づいて、検察側の主張が書かれた書面では、「ストライキ」「コンプライアンス活動」と、労働用語にはみな「 」がつけられる。「本当の組合活動ではなく、嫌がらせを組合活動と偽って処罰を逃れようとしている」というストーリーがあるからだ。だから、労組としての保護は必要なく、刑事事件として処罰していいという理屈へとつながる。

先に挙げた藪の著書は、山口組がハロウィーンの日に子どもたちにお菓子を配る「人気取り」を行ったことを挙げ、「暴力団を許せないのは、彼らがきれいごとを言いながらも、実際は犯罪集団だからだ」として、見かけにだまされないよう力説している。一連の検察側の主張は同様に、「賃上げのためのゼネストというきれいごとを主張しているが、実際は犯罪集団」と主張しようとしているかのようだ。

だが、関生支部は、麻薬の売買や売春業、組長の射殺をしているわけではない。再三述べてきたように労働組合法での労組の要件を満たし、「労組法五条一項に基づき大阪府労働委員会から法適合組合としての資格を認定されている」[*5]団体であり、労働条件の改善についての実績を挙げてきた団体だ。

そうした団体が、検察側の主観によって「労組でないもの」に仕分けされ、法で保護されていると安心していたら、当事者が気づかないうちに法の対象外に置かれかねない事態が起きている——。今回の逮捕・起訴劇に感じる「うすら寒さ」の核心は、ここにある。

検察側が「労組ではない」ことの証拠のように繰り返す「環境整備費」ひとつとっても、関生支部側に反対取材していくと、まったく異なる姿が見えて来る。これは、生コン業界の振興や構造改善事業、労働者の福利厚生の充実などの事業を業界側が労組に委託するにあたっての費用として、「大阪兵庫生コン経営者会」と前出の五つの労組による「連合会」が協定書を交わして支払われるようになったものだというのである。支払われた「整備費」は五労組の間で組合員数に比例して配分され、関生支部だけが受け取っていたものでもない。

また、「解決金」は、多くの労使紛争で使用者側の問題行為に対する労組側からのペナルティとして定着している。低賃金の非正規労働者の場合、労働組合費も安いため、こうした解決金の一部が組合活動の強化にも使われる。いずれも労働運動の世界では必ずしも珍しいものではない。

このほか、「ベストライナー事件」での検察側の主張でも、同社を解散させたいと相談した京都協組の理事らに対し「雇用保障とか退職金とか、いろいろ問題はあります。あと、解決金として一億五〇〇〇万円出してください」と武委員長が述べたとされている。[*6] だが、先の湯川への取材にもあったように、これは組合員の失職に際して生活を保障するため、退職金や雇用保障を求めた労組としての行為だ。

さらに、解決金が「関生支部執行委員長武建一」名義の口座に振り込まれ、「武の関連法人である協同会館アソシエ」の建設工事費に対する融資の返済に充てられたとされ、そのことを、武による私物化の証と示唆しているかに思える主張もある。[*7] だが、この施設は中小企業と労働者のための文化施設であり、労働関係や協同組合関係の講義が継続的に開かれている。個人的な享楽のためにつくった施設とは言いにくい。

もうひとつ、首を傾げた点がある。同じ京都地裁で公判が開かれている「近畿生コン事件」で、同社が破産を申し立てた二〇一六年二月、関生支部員が同社に雇用されていた組合員の「労働債権保全の名目で」、工場を占拠したことが「犯行に至る経緯」のひとつとして挙げられ、恐喝へ向けた嫌がらせのように描かれている点だ。[*8]

だが、こうした占拠は、先の湯川への取材でも出てきたように倒産の際の労組の基本的ノウハウとして知られた手法だ。会社が倒産した場合、債権者による資産の奪い合いが起き、うっかりしていると未払い賃金に充てるべき資産を他の債権者に奪われてしまう。これを防ぐため、倒産が起きた場合、労組は社屋や資産を押さえて組合員の賃金を取りはぐれないようにすることが求められるからだ。

私は、団塊世代の女性の活動家から、勤めていた会社が倒産した時の体験を聞かされたことがある。組合活動に精通していた彼女は、早く事務所を占拠し会社の資産を押さえるよう組合の同僚たちに指示したという。だが、組合活動に真摯に取り組んだことがなかった男性組合員たちは意味が分からずうろうろするばかりだった。「普段は男だからとか威張っているくせに、何にも知らないんだから」と彼女は笑った。

このように、労組の基本動作が継承されなくなったなかで、労働運動の基本に沿った労組の行動が、「暴力団事件」の文脈に置き換えられていく様子は、「ダブルスピーク」という手法を思い起こさせる。

「ダブルスピーク」はジョージ・オーウェルの小説『一九八四年』に登場する「ニュースピーク」「オールドスピーク」という言葉から来たもので、受け手の印象を変えるために言葉を言いかえる表現方法だ。この手法は、第二次安倍政権下で多用され、憲法九条の「解釈改憲」にも利用された。

ダブルスピークの例（図表6）を見ると、この手法が何を可能にするかが見えてくる。

平和、労働基本権の保障による貧困からの脱出、差別・格差の克服などは、戦争への反省から出発した戦後世界の代表的な価値観だ。これを正面から否定することは、選挙権を持つ多数の中・低所得層の反発を招く。そこで、三つの方法が登場する。ひとつは、プラスのイメージの言葉はそのままにして、中身の定義を逆のものに変える方法で、「平和省」「真理省」は、その一例だ。もうひとつは、反対する人が多い事柄について、プラスのイメージの言葉に言い変えることで、その問題点を覆い隠す方法で、「平和安全法制」「統合型リゾート実施法」はそれだ。三つ目が、いいイメージの行為を悪いイメージの言葉で呼び変えることで、関西生コン事件はそのパターンといっていい。いずれにせよ、正面切った改定は大変なエネルギーがいるので、「言い変

図表6◉さまざまなダブルスピーク

労働基本権の行使に対する検察側の言い変え		
団体交渉	➡	強要
ストライキ	➡	威力業務妨害
コンプライアンス活動	➡	恐喝
環境整備費・解決金	➡	恐喝
工場占拠闘争 （雇用確保 / 労働債権の回収）	➡	恐喝

企業のダブルスピークの用例		
大量解雇	➡	リストラ
戦前の列車の 一等車、二等車、三等車	➡	普通車、グリーン車、グランクラス

『1984年』の作品中のダブルスピーク		
軍事を管轄し、永遠に 戦争を続けるための政府機関	➡	平和省
国民に対するプロパガンダを行い、 歴史や記録を改竄する政府機関	➡	真理省

第2次安倍政権時の用法		
徴用工	➡	朝鮮半島出身の労働者
集団的自衛権の行使を 容認する安全保障法	➡	平和安全法制
カジノ法	➡	統合型リゾート（IR）実施法
オスプレイの墜落事故	➡	オスプレイの不時着水

え」によって換骨奪胎し、省エネで転換を図るという試みだ。

このうち、「平和安全法制」は、「国権の発動たる戦争と武力による威嚇又は武力の行使は、国際紛争を解決する手段としては、永久にこれを放棄する」「前項の目的を達するため、陸海空軍その他の戦力は、これを保持しない」とした憲法九条の解釈改憲を支えるもので、言葉による改憲と言える。そうした視点から、関西生コン事件を見ると、ここでの労働基本権をめぐる一連の読み替えは、「憲法二八条の解釈改憲」と呼んでもいいものだ。*9

労働法学者たちの危機感

こうした事態に立ち上がったのが、憲法二八条の上にたって議論を展開してきた労働法学者たちだった。

二〇一九年一二月九日、厚生労働省の記者クラブに、毛塚勝利・元労働法学会会長、深谷信夫・茨城大名誉教授、吉田美喜夫・立命館大名誉教授、山田省三・中央大名誉教授らが並んだ。浅倉むつ子・早稲田大名誉教授、道幸哲也・北海道大名誉教授、西谷敏・大阪市立大名誉教授、浜村彰・法政大教授、脇田滋・龍谷大名誉教授など、日本を代表する労働法研究者七八人が名を連ねた「労働法学会有志」による関西生コン事件への抗議声明の発表会見だった。

会見室では「組合活動に対する信じがたい刑事弾圧を見過ごすことはできない」と題した声明

文が配布された。深谷が「約三〇〇人の研究者が参加する労働法学会で七八人もの研究者がまとまって声明を出したのは異例。それがこの事件の重大さ、深刻さを物語っている」と口火を切った。同学会は、企業の労務担当者など幅広い参加者で構成されており、研究者に限定すれば、七八人という数はかなりの比率を占めると見られたからだ。

続いて吉田が、「農地解放や財閥解体とともに、憲法と労組法で労働基本権を保障したことが、戦後の民主主義の出発点」と、組合活動の保障が戦後社会の基本となっていることについて述べ、にもかかわらず今回の事件が起きた背景について、次の三点から説明した。

①関生支部は日本に多い企業別労組とは異なり、企業の枠を超えることで異なる企業の社員たちが互いの足を引っ張りあうことを防ぐ産別労組であり、その結果、一般に理解されにくい、②同労組は、団体交渉を有利に行うためにストを通じて圧力をかけるという当然の権利を行使してきたが、日本社会ではそれ自体が珍しくなり、「雇用関係のある企業以外への交渉が許されるのか」と思われてしまいがち、③労働法の世界でも個人対会社の労働契約が中心的になり、検察官や裁判官の間でストや団体交渉など労組による集団的交渉を保障する労働基本権についての認識が弱まっており、今後の教育・研修が課題。

逮捕状を出すには裁判官の判断が、起訴の際には検察官の判断が重要だ。一連の大量逮捕・起訴に際して、この事件が労働事件であるという認識があれば、より慎重な対応になったはずだ。そこが抜け落ちた逮捕劇への疑問が、発言の背景にあった。

また、山田は「今回の事件は、市民に共謀罪が事実上適用された初ケースといえるかもしれない」と述べ、労働法研究者が労組の相談に乗ったら（計画に加担したとして）共謀、とされかねない、との懸念も表明した。

2章で述べたように、呼びかけの中心になった毛塚は、傍聴に出かけた法廷で、暴力団事件のような遮蔽の衝立が設けられていたことを目撃した衝撃が背中を押した。記者会見ではこれについて、「適格性が認められている労組を裁判所までが反社会集団扱いするとは、大変な時代になったという印象を受けた」「組合活動の正当性を論じず起訴していることに労働基本権の危機を感じた。裁判官や検察官は労働法をどう考えているのかと思った」と述べている。

毛塚によれば、労働者は、企業と交渉することで契約よりもよい労働条件を獲得し、働き方を改善していくことができる。そうした労使の交渉に警察が介入すると、当事者の一方である労組がその場から消え、交渉自体が成り立たなくなる。だからこそ、労働事件は警察不介入の「労使自治」が原則とされてきたとする。

2章で、関生支部側を一斉に拘束して反論を封じた結果、公判の開始まで労働側の反論がまったく遮断され、経営側の言い分だけが一方的に広がった状況について述べた。毛塚の見解通り、それは、労働側の交渉力を極端に引き下げることになった。

「ふつう」ではないが「まとも」な労働組合

注目すべきは、声明に参加した「有志」のすべてが関生支部の活動に賛成しているわけではなかった、という点だ。

関生支部は、日々雇用をはじめとする不安定雇用者と労組ができたら廃業といった流動的な企業がひしめく業界で、スト、団体交渉、コンプライアンス活動など、労働条件の改善のために行使できる労働基本権を目いっぱい行使し、ときには実力行使も辞さない活動を繰り広げてきた。

労働基本権は、このような、労組が創意を生かし、使用者側との「いまある力関係」の落差を集団交渉の力で縮めていこうとする動きを支えるためにある。その意味で集団交渉は労働運動の力の源泉だ。それは、働き手の実態に合わない既存の法制度を実力で乗り越えさせ、変化する働き方の実態にあった制度を創り出してきたからだ。

だからこそ、関生支部の個々の活動には賛成しなくても、それを刑法で取り締まることには強い危機感を抱く労働法研究者たちが相次ぐことになった。

先に述べた吉田は、義務のないことを要求したことをもって労組側に「強要罪」を適用した加茂生コン事件について「義務なきことを求めて実現させるのが労働運動」[*10]、と述べている。過激なように聞こえるが、それは、次のような、コロナ禍の中で非正規労働者に起きたことを見れば、ごく当たり前のこととわかる。

非正規労働者には、雇用保険に入っていないために雇用保険から支出される休業手当の対象にならない例が多い。だが、コロナ禍のなかで大量の非正規が休業させられ、収入の道が途絶えて路頭に迷いかねない事態が起きた。これに批判が高まり、厚労省は緊急避難的に、税金を活用して、雇用保険に入っていない非正規も個人の申請で受け取れる休業支援金の制度を設けた。

このように、本来は「義務なきこと」でも、事態の変化によって多数の人々の生活が侵害されると、急遽「義務あること」に変わる。制度とは本来そういうもので、それができない社会は、硬直化し、助かるべき人が助からない社会となる。

特に、雇われる側に対して雇う側は圧倒的な決定権を持っており、その都合に合わせて制度は決められがちだ。それに沿っているだけでは、雇われる側は生きていけない。そのために弱い立場の雇われる側が束になることで、雇う側の都合を押し返し、働き手が生きられる仕組みへと変えていく。それが労働運動の原点であり、「束」を生み出すのが労組であり、それを法で認めたのが「団結権」ということになる。

多くの労働法研究者は、検察側の主張について、そうした歴史的に勝ち取られてきた労働基本権を法改正の議論もないまま解釈によって空洞化していくものと受け止めた。私が、「子どもを保育園に通わせたい親たちが就労証明書を求める権利」の問題として関西生コン事件を受け止めたように、警察の大規模な介入と、検察側の「解釈改憲」的な動きによって、関西の片隅の生コン業界での紛争は「働き手がモノ申す権利の侵害」という全国的な大問題に転化させられたのである。

「有志声明」以後、労働研究者たちからは、「産別労組」としての関生労組の正当性を立証する鑑定意見書が相次いで提出され始める。

たとえば、大阪港SS事件や中央生コン事件をめぐり「企業別労組だけが労組」「関生支部の組合員がいない会社に対する行動は労組法が保障する刑事免責の対象外」とする検察側の主張や、大阪地裁判決に対し、古川陽二・大東文化大教授、榊原嘉明・名古屋経済大准教授は、鑑定意見書[*11]などで反論を繰り出している。関生支部は国際的には主流とされ、日本の労組法も認める産別労組であり、産業全体の改善へ向け、必要があれば関生支部の組合員がいない会社とも交渉する団体行動権を持ち、その意味で刑事免責を受けられる、とするものだ。

また、「コンプライアンス活動は安全基準違反の摘発でなく、価格協定に違反したアウト企業への圧力（脅し）」とする新大阪駅で会った元関生支部員の男性、広域協組側、検察側の主張に対し、毛塚は、アウト業者の協約違反への監視活動は「労使間合意の実効性確保」へ向けた重要な法令順守（＝コンプライアンス）活動、と位置づける鑑定意見書を提出している。[*12]

これらを締めくくるかのように、労働経済学者の熊沢誠・甲南大名誉教授の鑑定意見書は、関生支部の一連の活動を、次のような痛烈かつ端的な言葉で表現した。

「関生支部は現代日本に広く普及している、企業との対抗性を基本的に失っている企業別組合を『ふつう』で正当とみれば、『ふつう』の労働組合ではないかもしれない。しかし、関生支部は、世界的な基準に照らせばむろん『ふつう』の労働組合であり、（中略）『まともな』労働組合ということができる。検察は、日本的な基準で『ふつう』の組合なら許すけれど、日本の『常識』を超える『まともな』労働組合を根絶やしなければならないと考えているかにみえる」[*13]

「裁判所の無知・無理解」

これらの意見書にもかかわらず、二〇二〇年一二月、京都地裁は先に述べたように「加茂生コン事件」の有罪判決を出し、これに先立つ同年一〇月八日、ストを指示した役員らについての「大阪ストライキ二次事件」について大阪地裁から有罪判決が出る。大阪地裁判決では、セメントの出荷基地に出入りする輸送車の運転手にストへの参加を呼びかけてビラを手渡そうとしたなどの被告の行為について、車の前に「立ちはだかって輸送を妨害」して会社に損害を与えたとし、「大声を上げるなどの穏当とは言い難い言動」「心理的な意味においても、ミキサー車の入出場を強烈に妨げたと認められる」（傍点筆者）といった主観的な表現で「威力業務妨害」の認定が説明された。刑事免責についても、会社側に関生支部の組合員がいなかったことをもって「関生支部との関係で争議行為の対象となる使用者とはいえない」と切り捨て、産別労組としての活動の正当性の有無には触れないまま終わった。

こうした判決について、日本労働弁護団元会長で戦後の労働事件訴訟の中心的存在である宮里邦雄弁護士は「組合員不在→使用者性なし→争議行為の正当性について論じる余地なし」という法的根拠のない論理で産別労組の団体行動権を無視し、憲法二八条違反の誹《そし》りを免れないとし、こう書いた。「(産別労組活動に対する)裁判所の無知・無理解があったと言わざるを得ない。」[*14]

つくられた企業別労組優位

宮里らが批判するような労組観は、しばしば「日本固有の文化」によって自然発生的に生まれたかのように語られがちだ。だが、日本的経営の特徴とされてきた企業別労組は、欧米だけでなく、戦前の日本の労働運動の中でも当初は必ずしも主流ではなかった。岡田与好によると、日本の労組の出発点とされる一八九七年(明治三〇年)発足の「労働組合期成会」は、知識人やさまざまな会社、職種の労働者が参加する横断型労組であり、「労働組合及労働争議統計」(協調会、一九三三年)によれば、企業別労組は一九三〇年時点でさえ組合数全体の一六・三%、組合員数全体の三六・〇%にとどまっている。

そんな企業別労組の増加を促したのは、「同盟罷業(スト)の誘惑扇動」を禁止した治安警察法一七条の解釈変更だった、と岡田は述べている。[*15]

第一次大戦後の講和会議では、労働組合の公認が国際連盟への加盟条件とされるような空気があり、「戦勝国の一員」となるため、日本も労組の公認を迫られていた。そこで、「労働者の自主的団結＝横断的組合こそ階級闘争の原因となる」として治警法の廃止に反対していた当時の床次竹次郎内務相は一計を案じ、「横断組合及び社会主義者等の外部者」によるストだけを一七条の適用対象とした。一方、企業別労組のストは一七条の適用外として、「むしろ調停でことにあたる」とした。つまりは「一方的な組合弾圧の手段から、上からの縦断組合育成の手段」への切替えであり、企業別組合優位は「日本の文化」というより、「政府による捻じ曲げ・改編」が生み出したもの、というのだ。

企業別労組が、企業同士の競争意識をテコに働き手の待遇改善要求を抑え込みやすい欠点を持っていることは、戦後の日本社会でも意識されていた。それは、一九五五年にはじまった春闘が、企業別労組が連携して一斉に賃上げを求める運動を起こすことで、産別的な役割に近づけることを目指していたことからもうかがえる。

関西生コン事件の経過は、それらの労働側の工夫が、警察力も行使しつつ意図的に抑え込まれ、さらに「二八条の解釈改憲」にまで向かいつつあるのではないかという危惧を私たちに抱かせる。
次章は、経営側が関生支部の何をそれほど恐れたのかについて考えていきたい。

＊1　京都地検、証明予定事実記載書、令和元年八月七日。
＊2　連帯広報委員会二〇一九年一二月九日付。　http://rentai-union.net/archives/4189
＊3　大阪地検、論告要旨、二〇二一年三月三〇日。
＊4　藪正孝『県警vs暴力団～刑事が見たヤクザの真実』文春新書、二〇二〇年。
＊5　古川陽二、鑑定意見書、二〇二一年三月一日。
＊6　京都地検、証明予定事実記載書3、令和元年一〇月一八日。
＊7　京都地検、証明予定事実記載書2、令和元年九月二〇日。
＊8　同前
＊9　伊藤真「立憲主義の立場から集団的自衛権行使は絶対に認められない」（WEB第三文明、二〇一四年六月二三日）など参照。　https://www.d3b.jp/constitution/4166
＊10　吉田美喜夫、鑑定意見書、二〇二〇年三月一〇日。
＊11　前掲の古川による鑑定意見書、榊原嘉明による「意見鑑定書『産業別労働組合による団体行動の概念とその正当性評価について～中央生コン事件を中心として』」（二〇二〇年六月九日）など。
＊12　毛塚勝利、鑑定意見書、二〇二一年一月三〇日。
＊13　熊沢誠「まともな労働組合の受難」『労働法律旬報』一九七五・七六号（二〇二一年一月合併号所収）。
＊14　宮里邦雄「大阪ストライキ事件判決批判」『労働法律旬報』一九七九号（二〇二一年三月上旬号）。
＊15　岡田与好『競争と結合～資本主義的自由経済をめぐって』蒼天社、二〇一四年。

第5章

経営側は何を恐れたのか

［写真］ミキサー車による自動車パレード＝ 2018 年春闘で撮影

二〇一九年一一月、ヘイトグループ、警察、検察、さらに裁判所もかかわったかに見える動きに、国会議員が加わった。衆議院経済産業委員会で、日本維新の会の足立康史議員が質問し、関生支部に対して破壊活動防止法（破防法）や暴力団対策法（暴対法）を適用するよう求めたからだ。

国会で叫ばれた「破防法適用」

この委員会に付された案件は「外国為替及び外国貿易法第十条第二項の規定に基づき、北朝鮮を仕向地とする貨物の輸出及び北朝鮮を原産地又は船積地域とする貨物の輸入につき承認義務を課する等の措置を講じたことについて承認を求めるの件」だった。

だが、足立議員は、経産相に「もうきょうは質問しませんので、気楽に。いつも気楽かもしれませんが。外していただいても構いません」と断り、北朝鮮については冒頭の一分強程度「北朝鮮からの砂利の輸入はいつごろピークで、今どうなっているか」などを聞いた後、「その砂利と関連して、連帯ユニオン関西生コン支部の事件がございます」と急転換した。責任者からの内容のある答弁を求める質問というより、「国会という場での関生支部批判」が始まった。大津地裁では暴力団事件で多用される衝立が登場し、「関生支部＝暴力団」劇の小道具となったが、ここでは国会が、その劇の舞台装置となったことになる。

足立は続いて、「二〇一七年の年末のゼネストを機に大きな事件となりまして、多数の逮捕者を出している。ただ、その関西生コン支部の執行委員長の武建一については、かねてから、要は逮捕されてはまた出てきて執行委員長をやるということで、往復を何度かされている」と、武委員長の「累犯ぶり」を強調。「私は、今回の大量の逮捕で連帯ユニオン関西生コン支部がなくなればいいと思いますが、これはなくならないんですね。労働組合法という立派な法律がありまして、守られているんです」「私は、労働組合法について、まあ多少存じ上げていますが、やはり何らかの指導とか解散命令とか、そういうものがあってもいいような気がしますが、厚労省、この労働組合法で何かできることがあるのかないのか、御紹介ください」と述べた。

「労組への破防法適用」という提案が、国会という立法の場で求められるという前代未聞の事態だが、興味深いのは、さらにその先の発言だ。

「生コン価格が激しく動いております。これは、関東、東京オリンピック・パラリンピックもあれば、五年後には大阪、関西で万博もある、ＩＲもある。そうした中で、やはりおかしな活動についてはしっかりと取り締まるとともに、（中略）この生コン価格の急騰等への対応について、国交省での対応を御紹介いただきたいと思います[*1]」

この「破防法・暴対法適用要求質問」から見えてくるのは、①関生支部のイメージダウンと、②その活動を抑えて相次ぐ大型公共事業での生コン価格の抑制を図り、大手ゼネコンなどの利益の確保を狙うという二つの趣旨だ。

それにしても、一地域の一労組を抑え込むために、なぜここまで大がかりな舞台装置が動員されなければならないのか。実際、取材の過程で、部外者の裁判ウォッチャーの若者から、「なんでそこまでやるんですかねえ、たかが利益の問題くらいで、そこまでやる?」と、聞かれたこともある。経営側は、一体何を恐れているのか、というのだ。そこには、雇う側と雇われる側が抱えてきた二つの争点がある。

一つは、労使で上げた利益の取り分、すなわち「分配」をめぐる対立で、こちらは足立質問の②にあたる。もう一つは、「会社は経営者だけのものか、それとも労働者のものでもあるか」という、より大きな、原則をめぐる争いだ。足立質問の①は、こちらに関わってくる。「関生支部は犯罪者集団」というイメージづくりは、労働側への信用を損なわせ、「会社は労働者のものでもある」という主張の勢いを削ぐことに役立つからだ。

関生支部の足取りを追っていくと、この二つの争点が、形を変えて、間断なく繰り返されていることがわかる。

縮小するパイへの危機感

生コン業界での関生支部と経営側の対立は何度もあった。だが、今回のように大規模な包囲網のようなものが敷かれた一因は、まず、「大同団結」による利益の膨れ上がり方が半端ではなかったことにあるのではないか。こうした利益の膨らみはこれが最後かもしれない、というパイの縮小への危機感がここに加われば、「そこまでやる？」と言われた動きも理解できなくはない。

日本社会は二つのオイルショックがあった一九七〇年代後半に、低成長に入り、以来、「コンクリートからヒトへ」[*2]のスローガンに代表されるような税の使途の大きな組み換えに迫られ続けてきた。二〇一一年の東日本大震災で多数の建物や施設の再建が課題となり、この流れは一時逆流したかに見えた。だが、コロナ禍で明らかになったように、格差の拡大のなかで教育や社会保障、貧困対策など中低所得層を支えるために予算を「ヒト」に回すことはこれまで以上に待ったなしの状況になっている。そうしたなかでセメントやゼネコン業界などの公共事業依存産業の危機感は強い。

「コンクリート新聞」によると、足立議員の質問からほぼ一か月後の二〇一九年一二月、大手セメント会社、麻生セメントの経営者一族でもある麻生太郎・財務相兼副総理が会長を務める自民党生コン議員連盟の全体会合が開かれている。ここでは、生コン出荷量が一九九〇年度を頂点に減少し続け、二〇一七年はピーク時の四二％に低迷していることが取り上げられている。この会合では、こうした業況回復の具体策として「生コン需要に結びつく公共事業関係費の増額」「生コンを活用した国土強靭化対策の継続的な実施」などを骨子とする提言が満場一致で採択され、関係官庁や自民党三役に提出された。[*3]

コロナ禍が拡大し、医療や雇用など「ヒト」「生活」への予算の投入が問われる中でも、二〇二一年度の「経済財政運営と改革の基本方針」（骨太方針）では、「防災・減災、国土強靭化、東日本大震災等からの復興」が柱の一つに掲げられた。同年度の予算案は、「コロナ禍対策」を看板に過去最大の一〇六兆円に達したが、うち公共事業費は六兆六九五億円と新型コロナ対策予備費の五兆円を上回っている。

とはいえ、五輪、万博、ＩＲ、さらにコロナ禍対策の名の下に膨らんだ予算に食い込む形で確保した公共事業費の水準が、今後も続くかどうかはわからない。パイの縮小の予感のなかで、千載一遇の機会を生かして利益を取り込んでおきたいと経営側が考え、そのために、利益の配分先から労働者側を外しておきたい、労働者への配分を求める関生支部のような強い労組は抑え込みたい、という判断が出てきてもおかしくない。

ただ、関生支部の包囲は一筋縄ではいかない。関生支部をめぐっては、「四つの経営側」が存在するからだ。それは、①「大同団結」を主導した関生支部の影響力を弱め生コンの値下がりで利益を上げたい大手ゼネコン、②中小零細を生コン価格の変動の緩衝材として利益を上げるため、中小零細をまとめ上げようとする関生支部の影響力を弱めたい大手セメントメーカー、③「大同団結」による生コン価格の上昇で得た利益を労働側に分配せずにすませたい広域協組側、④協組に参加することで値上がり益の配分を確保したい中小零細企業、の四つだ。うち、①②③は関生の抑え込みに、文句なく同調する。だが④は、必ずしも一枚岩ではない。業界の改善を実現するためのパートナー、または、大手への抑止力として関生支部の維持を願う経営者たちも含んでいる。3章で述べた「大同団結」は、協組加盟者に対する協組の規制力を利用して、この、④の中に根強く存在する広域協組執行部に対する批判や不満を抑え込む装置に転化した。

つまり、関西生コン事件は、「縮小する経済のなかでの経営側によるパイの独占」と「会社は経営側のものという原則の確立」という企業にとっての二つの悲願、そして、「戦後レジームの見直し」[*4]を掲げ、憲法に代表される戦後的平等世界の引き戻しを目指した安倍政権の登場、といった要素の総和が、「関生支部という強い労組」めがけて集中した結果だったのではないか。

憲法学者の長谷部恭男は「日本人が太平洋戦争を通じて守ろうとしたのも、天皇主権と、さらには資本主義経済秩序という『国体』、つまり戦前の憲法の基本秩序である」[*5]と表現している。こうした大基本原則の激突と考えれば、「そこまでやる?」と言いたくなるほどの締めつけの激しさも、理解できなくはない――。

そんな仮説を抱いて、私は二〇二〇年七月、武委員長の取材に臨んだ。

暴力団との対峙の歴史

会見場所に指定された「協同会館アソシエ」は新大阪駅から一キロほど歩いた街中にある小ぶりだがモダンなデザインの三階建てのビルだった。関生支部と中小生コン各社の共同出資で二〇〇九年に建てられた。屋上庭園を備え、玄関のプレートには、入居団体として生コン関係のさまざまな協同組合や、「グリーンコンクリート研究所」の名前が並んでいた。この研究所は、中小企業とその従業員の生活向上を目指し、環境にやさしく付加価値の高いコンクリートづくりを目指したという。だが、いずれの団体も関西生コン事件のなかでビルから撤退していた。

関生支部は、この会館や貸会議室やホールを備えた「学働館」などで働き手向けの講演を開講し、白井聡、松尾匡など、新進気鋭の論客も招いている。そうした施設も、検察側の裁判資料では「恐喝で築いた個人資産」のように描き出されていた。

武は、関生型労働運動の理論的リーダーとして知られてきた。だが、私が武にインタビューするのはこれが初めてだった。関西生コン事件以前は私の本拠である東京中心の取材に追われ、関西にまで手が回らず、事件の取材に入った時はすでに逮捕されており、被告席の武しか見たことがなかったからだ。

武が保釈されたのはこの会見のわずか二か月前だった。長期勾留の疲労を感じさせない血色のいい丸顔をほころばせ、武は「拘置所は、冬もカイロ以外の暖房なしです。でも、毎日二〇〇回以上腕立て伏せをして体力を維持していました」と胸を張った。

武は、日本が第二次大戦で敗れる三年前の一九四二年、「闘牛の島」として知られる鹿児島県奄美群島の徳之島で生まれている。自然豊かな島だが、「サトウキビ農業や漁業以外にめぼしい産業はなく、島で生まれた人の多くが働き口を島外に求める状況が続いていいます」[*6]と武は自著の中で振り返っている。

行商をして三人の子どもを育てた母と、「何をしていたのかよくわかりませんが、当時米軍支配下であった徳之島と鹿児島間を商売で密航していたようだった」[*7]という父の間で育った武は、地元の中学を卒業後、島内の土木会社や商店で働いて家計を支えた。当時、島内で高校へ進学できたのは、裕福な層の子どもたちだけだった。

一九六一年、高度成長の人手不足のなかで一九歳の武は、今でいうリクルーターとしてやってきた島出身の先輩の背広姿にあこがれ、大阪の生コン会社に働きに出た。

大手セメント会社と大手ゼネコンの狭間で緩衝材として利用される「谷間産業」である生コン業界は、建設業界でも「練り屋」と蔑まれていた。ミキサー車はハンドルもクラッチも重く、車内には冷暖房もない。夏場の生コン輸送は灼熱地獄だった。日々雇用だから、雨が降ったら収入はゼロだ。「社員寮」は文化住宅を借り切った六畳に三人が詰め込まれて寝起きした。一年のうち休みは三日だけで、一九六四年の第一次東京五輪前の建設ラッシュのなか、武は、郷里への仕送りのため、月二四〇時間の残業をこなした。

会社に協力的な労組は以前からあったが、武が入社した翌年の一九六二年に、従業員の手による自主的な労組が生まれ、「全国自動車運輸労働組合」（全自運）に加入した。会社は、「事故安全対策員」として複数の暴力団員を「入社」させ、組合員をナイフで脅させるなどして労組からの脱退を迫った。屈しなかった労組の中心人物は一九六四年、解雇された。門前で入構を阻止され、多数に小突き回されるその姿に、武のなかに怒りがわいた。それが「実家に仕送りしたくて会社の言うままに働く優良社員」から、労働運動家への転回点となった。

関西生コン事件ではしばしば「暴力団」をめぐる言説が登場するが、このように、その影は、当時からこの業界につきまとっていた。生コン会社の親会社だったセメント業界には、麻生セメントや宇部三菱セメントなど戦前は炭鉱会社だった大手企業が多い。その現場では暴力団の力を利用して、労働者に過酷労働を強いる労務管理が珍しくなかったとされる。

たとえば、社会福祉研究者、田中智子の戦前の三井三池炭鉱での労務政策についての論文[*8]によると、同炭鉱では、一般人の「良民鉱夫」のほか、生活に困窮した「与論島島民」なども労働力として駆り出され、明治期には囚人、戦時下では朝鮮人・中国人・連合軍捕虜などが投入されている。炭鉱は軍事需要が絡む国策産業でもあったが、「石炭生産を重視する一方で人命を軽視し労働者に貧困からぬけだす機会をあたえるどころか、さらなる貧困へとおとしいれる」労務政策が行われ、たまりかねた労働者の抵抗を「警察や軍隊による力で鎮圧」するとともに、「会社の高圧的態度によって屈伏」させるという労務管理が横行していたという。

戦後、炭鉱の閉鎖にともなって大手炭鉱会社がセメント業へと転換していく過程で、労務担当者の移動を介して、こうした労務管理がDNAのように業界内に引き継がれた。そんななかで、関生支部の歩みは、図表7のように、労組の組織化に対する経営側の妨害、暴力団、警察との対峙の連続となる。暴力団員による労組役員の殺害も複数起き、一九七九年には当時書記長だった武自身、拉致・監禁され、殺されるかと覚悟したという。二〇年後、徳之島出身だったある組織

図表7 ◉経営側と警察の動き

発生年	経済・経営側の動き	政府・警察・司法の動き	暴力団の介入
1973年	第1次オイルショック		
1974年			名神運輸事件
	桜田武 「日本的労使関係は 社会の安定帯になる」		
1975年			昭和レミコン事件
1978年	田中機械破産申し立て		
1979年	第2次オイルショック		武書記長監禁 殺害未遂事件
1980年		1回目の関生支部員・ 委員長逮捕事件	
1981年	鶴菱運輸争議で 三菱製品不買運動		
	大槻文平 「箱根の山を 越えさせるな」発言		
1982年			高田建設事件 野村書記長刺殺
1986年		国鉄分割民営化	
1992年		暴力団対策法施行	
2000年		組織犯罪処罰法	
2003年		警察庁に 組織犯罪対策部	
2005年		2回目の関生支部員・ 委員長逮捕事件	斎藤建材・ バニッシュ事件
2008年	リーマンショック		
2010年	労使共同デモと 4か月ゼネスト		
2015年	大阪広域協組の 大同団結		
2018年		3回目の 関西生コン事件始まる	

の幹部がその時、「同郷の人間を殺したら承知しない」と実行犯に伝えたことで命が救われたことを、武は人づてに初めて聞く。

このような暴力団と対峙せざるを得ない状況までもが「暴力団に近い」というイメージづくりに流用され、関西生コン事件をめぐるネット情報でも「暴力団とつながっていたから助かった」という宣伝が流されていくことになる。

「許されない三つのこと」

武が生コン業界に入った一九六〇年代初頭まで、生コン業界は、大手セメントメーカーが販路拡大のため設立した直営子会社が占めていた。だが一九六〇年代半ば以降、自前のミキサー車とプラントを抱える中小零細の生コン業者が全国各地に乱立していった。大手から原料のセメントを高値で売りつけられ、ゼネコンからは生コンを買いたたかれるこれら生コン業者は、そのツケを運転手らの待遇にしわよせしてしのごうとする。こうした生コン業者との「一面闘争、一面共闘」(1章参照)という考え方にもとづいて、一九七六年、武は協同組合に中小の経営者を集めて大手に対抗するための「政策懇談会」を呼びかけた。ここでは、次の四点が提案された。

①中小は大手に対する自主性、主体性の持つために協同組合化による共同受注、共同販売に努

める、②労働条件、賃金の統一、③労働基本権を守り、不当労働行為の排除に共同で努める、④労組は中小企業の実情を理解し、ゼネコン、セメントメーカーの圧力の排除に努める。

大手抜きで労組と中小企業の連携を求める手法は、二度にわたり、大きな警察の介入を招くことになる。*9 一回目は、一九八〇年の大阪府警によるものだ。発端は、関生支部が一〇四日の年間休日を、大阪府下の阪南生コン協同組合と労使協定を結んで定めたところ、数社が協定に反して工場を稼働させたことだった。大阪府警東淀川署内には「関生対策本部」が設置され、事務所が毎月のように捜索され、組合員の逮捕・起訴が繰り返される事態となった。

関東でも一九八一年、三菱鉱業セメント系の神奈川県の運輸会社で八人の社員の解雇撤回争議があり、関生支部の支援で解雇は撤回されている。背中を押したのは、キリンビールまで含む三菱系各社に対する不買運動など、消費者を巻き込んだ大きな運動だった。

三菱鉱業セメントで社長を務めセメント協会会長となった大槻文平・日本経営者団体連盟（日経連＝現経団連）会長は当時、「組合運動の範囲を超えた組合があって、セメントの不買運動なども行われており、こうした動きは十分注意しなければならない」（一九八一年六月一一日付「コンクリート工業新聞」）と危機感を表明、「関西生コンの運動は資本主義の根幹にかかわるような闘い」とし、「関生型運動に箱根山を越えさせるな」とも述べた。

また同年、関生支部の上部団体の労組をめぐる日経連の経営者向け講習会の講演録には講師を務めた元日経連役員の「法律など守っていたら組合をつぶすことはできない。我々のバックには警察がついている」との発言があったという。*10

注目したいのは、この事件の取り調べのなかで、逮捕された武が検事から「関生支部の運動で許されないのが三つある」と言われていることだ。

一つは、下請け・孫請けの労働者の雇用責任を三菱とか住友とかの親会社にもっていくこと、もう一つは、不当労働行為を解決するにあたって実損回復のみならず、経営者にペナルティ（解決金）を科してきたこと、最後に、企業の枠を超えた連帯行動と称して同情ストライキをかけたり、労組のないところに動員をかけたりすること――。この三つは、個別企業の枠をはみ出さない労働運動しか認めず、労働者が賃上げを要求するにとどまらず、会社に謝罪・賠償を求めたり、「会社」の外の「社会」と連携して仕組みの改善を求めたりする行為を、分を超えるとするものだ。

これらを見ていくと、経営側を恐れさせたのは、「労働者は経営側の従属物」という戦前の身分秩序が、労働の対価を対等に要求し、働きやすい社会改革を求める「労使対等原則」の戦後憲法の趣旨に沿って変更されていくことだったことが見えてくる。そうした経済界の懸念を、国民全体の税に支えられた「公僕」の検察が、憲法の趣旨を無視して代弁していた、ということになる。

企業の塀をはみ出す労働運動

当時の状況を振り返ってみると、関生支部のような労働運動は、必ずしも珍しいものではなかった。同じ大阪で起きた田中機械争議はそのひとつだ。

同社は、化学機械、起重機を製造し、大阪ではクボタや栗本と並ぶ二部上場企業だった。同社の労組は、総評全国金属労組大阪地方本部（全金大阪地本）の拠点支部として一九六〇年代から一九七〇年代にかけ、南大阪地域の中小金属工場で四〇か所を超す労働組合を結成し、それら零細企業の職場を企業横断的に「港合同」という組織にまとめあげていた。当時、大阪地方本部の書記次長としてこの争議にかかわった要宏輝によると、この田中機械支部について、日経連の指示による企業倒産が仕組まれ、一九七八年、会社は破産した。労組つぶしと見た労組側は工場を占拠して自主操業を行うことで組合員の生活を支えたという。破産会社の財団管理と処分のために裁判所に選任された破産管財人の弁護士は「会社がつぶれておるんやから労働組合みたいなのないやないか」[*11]と発言し、団体交渉を拒否した。

これに対し大阪府労委は、破産後でも会社に余力があるなら雇用責任は免れず、団体交渉を受ける義務があると命令、労働側の全面勝利となっている。

そのさなかの一九七六年、ルポライターの鎌田慧は田中機械争議の取材に入っている。鎌田はこれらの動きを、会社の内外を分けて労働者を分断する「工場の塀」を労働者が乗り越え、「地域へせりだそう」とする「大阪型労働運動」と呼び、「労働運動の西高東低」と述べた。*12

「許されない三つのこと」を乗り越えて、企業と対等に交渉する権利を目指した動きだ。

鎌田の指摘でもうひとつ興味深いのは、この争議が、創業者から炭鉱主だった人物への経営権の譲渡を発端としていた、という点だ。新しい経営者は合理化とスト破り、ロックアウトなど「炭鉱流」の「縁故を使った封建的な支配」へと労務管理を置き換えていったというのだ。先に述べた炭鉱型労務管理のDNAである。

鎌田によると、この時期にはほかにも、労組対策を専門とする警備保障会社から派遣されたガードマンが、警察官に酷似した制服に身を固め、春闘で待遇改善を求める港合同労組の職場の組合員に暴力を振るったり「家族にも危害が及ぶ」と脅したりした事件が問題になった。これについて一九七二年、国会で社会党の佐々木静子議員が後藤田正晴警察庁長官（いずれも当時）に対し、「なぜ（警備員を）検挙しないのか」と詰め寄っている。これに対し後藤田は「警備会社と警察が癒着しているなどとんでもない」「善処したい」と答弁した。労組への破防法適用要請が叫ばれる国会とは大きく異なる光景が、そこにある。

賃上げに天井を設ける政策

この前後に起きた一九七三年と七九年の二つのオイルショックを機に、日本社会は低成長に入った。低成長に見合った賃金抑制政策を掲げ、大槻を議長とする日経連「労働問題研究委員会」は一九八〇年、日本の名目賃金は世界最高のグループに入ったとし、その上昇率を実質成長率以下に抑える「生産性基準原理の徹底」と「官公部門の効率化」を求める報告書を発表している。賃上げに成長率の天井を設けることで個々の会社の賃上げ競争を抑制して企業側の取り分を確保し、また、官公労の弱体化によって賃上げ勢力となりうる労組を抑え込むという対抗措置と言える。

関西経営者連盟もこの時期、「賃上げを一五％以内に抑制」とするガイドラインを打ち出し、全金大阪地区本部はこれを「不当労働行為」として、労働委員会に申し立てを行っている。労使の交渉で決めるべき労働条件を、上からの一律の枠はめで阻害し、経営側の賃金抑制を支援しようとするものとする批判だった。

大槻の「箱根の山を越えさせるな」発言は、こうした空気の中で発せられたものだった。

賃金が上がるには、①労働力のひっ迫による市場的な圧力か、②労組による社会的な圧力かのいずれかが必要だ。まだ少子高齢化が本格化しておらず、①のような市場的な賃上げ圧力が期待できないなかで、②の社会的圧力が「生産性」という枠で抑え込まれ、日本の賃金と内需は以後、停滞期に入る。

こうした停滞に危機感も広がり、一九八六年には、日本商工会議所会頭の五島昇や、大阪商工会議所会頭の佐治敬三が内需拡大へ向け、賃上げを提唱する。これに対し大槻は「経営者としての自覚が足りない」と激怒し、二人に謝罪と発言撤回を求めている。[*13]

五島は東急グループのトップで、佐治は洋酒メーカー「サントリー」のトップだ。人件費を増やしてでも内需を拡大して販売を促進したいと考える業界と、セメントのように人件費を上げても販売には効果がなく、その削減によってこそ企業利益が確保できる業界とのせめぎあいがそこにあった。経営側の内部にもあった「労働者の分配を増やすことによる景気浮揚」論は、財界の大御所の「激怒」によって迎え撃たれる。

元総理の「労組を崩壊させなきゃ」発言

一九八七年には、国鉄分割民営化が行われ、国鉄労働組合（国労）が解体される。当時の中曽根康弘首相は後に、複数のマスメディアで、「国労を崩壊させなければならないと考え国鉄の民営化を行った」という趣旨の発言をしている。辻元清美議員が二〇〇六年六月六日付で出した「中曽根康弘元総理大臣の国鉄労働組合についての発言に関する質問主意書」は、その問題点を鋭く突いている。

それは次のように始まる。

「一九八七年四月、国鉄を分割民営化した当時の首相中曽根康弘氏は、二〇〇五年一一月二〇日、NHK日曜討論で『国鉄労働組合っていうのは総評の中心だから、いずれこれを崩壊させなきゃいかんと。それを総理大臣になった時に、今度は国鉄の民営化ということを真剣にやった。皆さんのおかげでこれができた。で、国鉄の民営化ができたら、一番反対していた国鉄労働組合は崩壊したんですよ。』云々と語っている。

その他、同様の趣旨の発言は、一九九六年週刊誌アエラ（一九九六年一二月三〇日号）をはじめ、多くの紙面等でも繰り返されている」。趣意書はこれらの発言について、次のように質していく。

①総理大臣を始めとする国務大臣や国会議員などの公務員が、憲法を尊重擁護する義務を負うことは明らかだと考えるが、このことに間違いはないか、政府の見解を伺う。

②憲法第二八条は勤労者の団結権を保障している。従って、各組合の性格、傾向や従来の運動方針のいかんによって、直接の使用者はもちろん、公務員がこれを差別扱いをすることは許されないと考えるが、この点の政府の見解を伺う。

③総理大臣を始めとする公務員がその地位を利用して特定の労働組合を崩壊させようとするこ

とは、憲法尊重擁護義務や団結権保障に反する行為ではないのか、政府の見解を伺う。また、こうした事例が確認された場合、政府はその権利を回復する義務があると考えるか、否か、見解を伺う。

④憲法第九九条における憲法尊重擁護義務を負う総理大臣が、憲法第二八条の勤労者の団結権保障に反して特定の労働組合を崩壊させようとし、国鉄分割民営化を行ったことを自認したものと考えられるが政府の見解を伺う。

⑤当時、政府は総理大臣たる中曽根康弘氏のこうした意図について知らされていたか。知らされていなかったとすれば、こうした中曽根氏の発言について、政府は自らの正当性に関わる問題として、その信頼を回復するためには事実を調査し、適切な措置を採るべきであると考えるが如何か。

これに対し同年六月一六日の回答書で、当時の小泉純一郎首相は、首相は憲法を守る義務があり、民営化は経営効率化のためだったとし、「ご指摘の『発言』は、内閣総理大臣としてのものではないと承知しており、政府としてお答えすることは差し控えたい」と答えるにとどまった。

オイルショックへの国民の危機感をテコに、経済界が労使交渉を飛び越して賃金に政策的枠はめを行い、首相が、野党の支持母体である労組の力を削ぐため、賃上げ装置だった労組の「崩壊」に乗り出す。こうして、「賃上げ勢力」は、ひっそりと、大幅に、縮小され、「賃金が上がらない国づくり」が着々と進められていくことになる。

これらの経緯を見ていくと、関生支部の活動は、かつての日本社会が持っていた、働き手が稼ぎ出した富を働き手の側に分配させるための装置の行使にすぎないことがわかる。それらがもぎ取られていくなかで、関生支部は、賃金を上げるための労組の手法をかろうじて保持し続ける。経営側はそれを恐れたということだろうか。

「有罪だろうが無罪だろうが関係ない」

一九七六年、武が「政策懇談会」を呼びかけた当時、通産省（現経産省）も、値崩れが生コンの品質不良を招く事態を防ぐため、協同組合方式の普及を全国的に奨励していた。だが、中小企業がまとまることを嫌うゼネコンやセメントメーカーは、アウト業者にテコ入れし、仕事をそちらに回す策を取る。その結果、協組を脱退する会社が相次ぎ、アウト業者は協組加入業者を上回って、安値乱売合戦が再来した。そこへ、バブル経済の崩壊が襲った。建設需要の激減のなかで中小零細の生コン業者の倒産・工場閉鎖は相次ぎ、マスメディアから「生コン業界がけっぷち」[*14]とまで呼ばれる事態になった。

そのさなかの一九九四年、大阪と神戸の生コン協組の理事らは武を大阪市内のホテルの一室に招いた。業界を再建するため、複数の協同組合を一本化して大阪広域協組をつくること、そのため関生支部がアウト業者の加入を働きかけてほしいとの依頼だった。経営側からの協力要請である。

生コン価格を維持するには、それまでの親睦団体めいた協組ではなく、建設会社からの受注を協組が一括して受注し、協組が決めた価格で販売することで買いたたきを防ぎ、受注した仕事は協組が各社に振り分けるという本来の協組方式が必要だった。

安価な生コンの大量販売によってシェアを拡大してきたアウト業者の説得は簡単ではなく、また生コン価格の切り下げを、社員の労働条件の大幅な引き下げでしのごうとする会社も多かった。このため関生支部は、「協組への加入要請」と「労働条件改善」の抱き合わせ作戦を取った。労組だけが保障されたストなどの団体行動権を行使して乱売業者に圧力をかけ、二つを一挙解決する作戦だ。

一九九五年、生コンの共同受注と共同販売による加入各社へのシェアの割り当てが始まり、翌一九九六年、一立方メートルあたり七〇〇〇円にまで下落していた生コン価格は、一万二〇〇〇円と、採算がとれる水準に回復した。アウト業者の説得も進み、同年、協組の組織率は七〇％に達した。

それまで生コン業界では、販売代金は全額が手形で、現金化するのに数か月かかるという中小零細に厳しい取引慣行が続いていたが、協組への加入が進んだことで、すべて現金払いになった。協組側と労組側の協定で週休二日制（工場も稼働ストップ）が導入され、年間休日は一二五日、年間労働時間が一八〇〇時間となった。

二〇〇五年一月、武ら組合役員四人の逮捕が起きた。二回目の警察の介入だ。二〇〇四年に二つの生コン業者に協組への加入を要請したことなどが、威力業務妨害、強要未遂とされた。

ここでは、三回目にあたる今回の関西生コン事件の萌芽ともいえる手法が始まっている。一九八〇年の事件での武の勾留期間は、起訴かどうかを決めるために身柄を拘束できる最長期間の二三日だった。一方、二〇〇五年の事件は、複数の容疑を加えて再逮捕を繰り返す手法が取られ、勾留期間は一年二か月に及んだ。

この事件は、大阪地裁で二〇〇七年一月、労働事件としては異例の懲役一年八か月の実刑判決となったが、同年一〇月の大阪高裁判決で懲役一年六か月に三年の執行猶予がついた。

この事件で逮捕された関生支部役員に、検察の取り調べ担当者は次のように語ったという。「有罪だろうが無罪だろうが関係ない。君たちを一年程度社会から切り離しておければそれでいい」「今回の事件で武委員長には引退してもらう。君たちの運動は今の時代にはそぐわない」*15

「草食動物」たちの沈黙

こうした警察の介入にもかかわらず、中小企業と労働組合の協力で生コン業界を再建しようとする動きは再び盛り上がる。二〇一〇年六月二七日に大阪市内で開かれた「生コン関連業界危機突破！　総決起集会」は参加者の半分は労働者、半分は経営者となり、一五〇〇人と見込まれていた参加者は二二〇〇人に膨らんだ。集会後のデモでは、経営者と組合員が並んで大阪の街を歩いた。

前回はバブル崩壊だったが、今回は二〇〇九年九月のリーマンショック後の建設需要の落ち込みによる、生コン価格の大幅な下落への危機感があった。

集会に続いて、関生支部、生コン産労、全港湾大阪支部という労組からなる「セメント・生コン産業政策協議会」が春闘で求めていた大幅賃上げなどを掲げ、七月二日から一一月中旬にかけて約四か月間のゼネストを行った。原料のセメントの輸送が滞って生コンが供給されず、大阪府下の八割程度の工事が止まり、竹中工務店・大林組などのスーパーゼネコンも最終的に価格引き上げを受け入れて交渉は妥結した。民主党政権下という背景もあってか、労働基本権は順守され、警察の介入はなかった。

当時を知る経営者の一人は、「中小零細業者たちは価格が上がらなければ生き延びられない事態に立ち至っていた。集会への参加は、高邁な理屈ではなく、価格上昇による利益の確保だった」と振り返る。

だが、大阪広域協組は、「ストは労組が勝手にやった」として、大手ゼネコンが受け入れた新価格を自ら白紙に戻し、大手セメントメーカーも、「中小零細業者が労組とつるんで会社の決定事項である生コン価格などに労組を介入させたことで怒り心頭に発し」、大手系列の生コン業者が「経営者会」を一斉に脱退した、とこの経営者いう。「労組には経営や政策に口出しさせない」という経済界の「許されない三つ」は、ここでも健在だった。

ただ、この脱退は、大手を抜きにした労組と中小零細メーカーによる一種の労使自治的な空間を生むことになった。二〇一五年、関生支部が準備した「大同団結」の提案に、中小零細の経営者たちの期待は集まっていった。

だが、この「大同団結」は、労使の協力関係で生コン業界の再建に苦心してきた歴史や、協同組合は相互扶助の精神で成り立つという理念を知らないアウトの業者の加入をも促すことになった。

かつて、大阪広域協組づくりや「大同団結」構想に加わった幹部は、「中小の生コンメーカーは草食動物。集まらなければ肉食動物（大手セメント・ゼネコン）に食われてしまう」と語った。協組の中枢でこのような、業界の立て直しを目指してきた「イン」の業者と、「会社の利益が上がればそれでいい」とする「アウト」を中心とする業者との入れ替わりが、気づかないうちに起きていたと、武は指摘する。大同団結は皮肉にも、広域協組変質のゆりかごとなったことになる。

「大同団結」の翌年の二〇一六年、「組織のかじ取り役として、理事長、副理事長（本部長）、専務理事の三役による『本部制』が敷かれ」（同年七月一四日号「コンクリート新聞」）、執行部に権力が集中しやすい仕組みへ向けた機構改革が行われる。執行部の一人が経営する生コン会社のシェアが二〇％なのに、古くから協組に参加している業者のシェアは一割にも満たないという状

図表8◉各社の出荷指数（大阪広域協組・神戸ブロック）

伊万里建材	9.583	タイコー（兵庫）	4.117
ＳＳＫロイヤル	5.041	千原生コン	3.654
関西宇部（神戸）	4.585	泉北ニシイ	2.970
北神戸生コン	**20.189**	溝尾	4.099
光栄（神戸）	5.839	明神コーポレーション	9.190
神戸エスアールシー	4.117	阪神生コン建材	5.350
サンコー	3.623	兵庫播磨コンクリート	4.533
泰慶	5.106	ライフコンクリート	8.004
		神戸ブロック計	100

［出所］大阪広域協組「出荷実績及び赤黒想定表」（平成30年10月31日）

態（図表8）への不満が、各社の間でささやかれるようになった。だが、こうした空気は、3章に述べたように、同年七月からの二府二県の警察による、経営側も巻き込んだ大規模な逮捕劇の開始で一転し、経営者たちは沈黙していく。

加えて、「大同団結」によって原料供給から販売までの強力な協組の支配力がすべての業者に及ぶようになっていたことが、この沈黙を決定的にした。不満を持っているとされる各社の経営者たちに取材を申し込んだが、「セメントの供給を止められる」「販路を封じられる」として、取材はことごとく拒否された。そんななかでも、経営側に近いという関係者の一人が、かろうじて口を開いた。

「中小の経営者からすれば、いろいろ要求し圧力をかけてくる関生支部は正直、嫌な存在だ。だが、警察が関生支部だけを抑え込んだことで広域協組の執行部を止める存在がなくなり、モノを言えば原料も来ないし販売もできない業界になった。実際、関西生コン事件後、そういう憂き目にあった企業が出ている」。こうした現状は、「小規模の事業者又は消費者の相互扶助を目的とする」などの要件を備えた中小企業協同組合の共同受注・共同販売事業については独禁法の適用を除外するという協同組合法の趣旨に反している、関生支部を取り締まるなら協組側にも独禁止法や労働法違反などで何らかの措置を講じないとバランスのある経済活動は崩れてしまう、というのだ。

「暴対法」という背景

経営側の恐れと「戦後レジームの見直し」という流れが大規模な警察力の発動を誘い、肝心の経済行為自体まで損なう結果を生んでいる。そんな皮肉な指摘は、私を考えこませた。これは警察の本来の姿なのか、それとも何かが変わったのか。

考えあぐねていた時、二〇二一年三月二三日付の「京都新聞」の記事を見つけた。2章ではフジタ事件の捜査を主導したとされる警察官が起こしたセクハラ事件についての「日刊ゲンダイ」の報道を引用したが、この事件が同紙でも取り上げられ、「(セクハラについて)処分も注意もせずに多くの部下を持つ(署長の)ポストに登用するのは理解に苦しむ」とする元北海道警幹部、原田宏二のコメントが引用されていた。古巣の組織に対してこのような直言ができる人物に、関西生コン事件をめぐる警察の対応について聞いてみたいと思った。

原田は北海道警察釧路方面本部長も務めて一九九五年に退職し、二〇〇四年、道警の裏金問題を内部告発するなど、市民のための警察へ向けた様々な活動を展開していた。つてをたどって原田に電話取材した。原田は「北海道では報道もなかったようで、関西生コン事件については全く知らない。一般論でよければ」と言った。

原田は、淡々と、「共産党、労組、労組支援団体、右翼、市民運動などは警察官になったときの教科書に監視対象として挙げられています」と切り出した。

そうした任務も担っていることから、警察は、一般的な犯罪捜査を担当する刑事部と、こうした対象の監視活動や治安情報を収集する警備部に分かれている。ただ、後者の活動については法的根拠があいまいで、警察法第二条の「警察の責務」が根拠とされてきた。

ここでは「警察は、個人の生命、身体及び財産の保護に任じ、犯罪の予防、鎮圧及び捜査、被疑者の逮捕、交通の取締その他公共の安全と秩序の維持に当ることをもつてその責務とする」と規定されている。

だが、警察法は運営のルールを定める「組織法」であって、一定の行為をなしうる権能を定めた「権限法」ではない。「とすれば、この条文で共産党をはじめ、労組や市民団体などを監視対象にできるとするのは解釈に無理があるのではないか」と原田は感じてきたという。

そんななかで、一九九二年の暴力団対策法（暴対法）（図表7の年表参照）は、初めて法的に暴力団を定義づけた点で画期的だったという。ここでは「その団体の構成員(その団体の構成団体の構成員を含む。)が集団的に又は常習的に暴力的不法行為等を行うことを助長するおそれがある団体をいう」とされた。ただ、「構成員」の認定基準については、対象になる暴力団員の規制逃れを阻止するためとして、公にされていない。つまり、その団体が暴力団かどうかは、警察が恣意的に認定できるということだ。

こうした暴対法の登場によって、殺人や窃盗などをめぐる刑法や覚せい剤取締法などを適用し、犯罪捜査の手法を通じて取り締まってきた暴力団の行為を、事務所の立ち入り禁止や使用禁止などの「行政手続き(許認や行政指導などを行う手順)」を通じても抑え込めるようになった。これは、裁判所のチェックを経ずに行政指導のような形で取り締まる余地を大きく広げた。

しかし、暴対法も暴力団などを監視したり、その情報を収集したりする直接の法的根拠にはならない。そこで効果を発揮するのが、「暴力団・テロ組織などの反社会的団体や、会社・政治団体・宗教団体などに擬装した団体」による組織的な犯罪に対する刑罰の強化を規定した「組織犯罪処罰法」の制定だ。この法律は二〇〇〇年に施行され、二〇〇四年、警察庁刑事局に組織犯罪対策部が設けられる。関西生コン事件で滋賀県警と京都府警では、この組織犯罪対策課が担当となっている。

さらに、二〇〇四年から二〇一一年の間に、「暴力団排除条例」(暴排条例)がすべての都道府県に相次いで生まれる。一般市民に対して暴力団との関わりを規制することを目的とするもので、暴力団への利益供与要求を断らなかった市民や企業も罪に問われうることになる。被害者が協力者に転換される構図で、これも関西生コン事件と通じるものがある。

加えて二〇一七年には、「組織犯罪処罰法」の改正で生まれた「テロ等準備罪」(「共謀罪」)に「組織的犯罪集団」という概念が持ち込まれる。「組織的犯罪集団」の定義は、「団体のうち、その結合関係の基礎としての共同の目的が別表第三に掲げる罪を実行することにある団体」とあるだけだ。その「別表」には二七七の罪が列挙され、「組織的な信用毀損・業務妨害」など、政治や労組、市民運動による抗議行動にまで拡大されかねない項目が含まれている。

原田は言う。「組織的な犯罪集団というと暴力団やテロ集団をイメージするが、暴力団についてはすでに暴対法がある。それなら共謀罪はなんだ、ということになります。これは私個人の解釈にすぎないが、市民が反対しない反社会的勢力、暴力団やテロ集団を標的すれば暴力団等だけでなく労組や社会運動団体などを監視対象に組み込める。無理の多かった警察法二条に代わる、市民監視の根拠法ができたのではないか」。

暴力団を取り締まり、市民や働き手の安心を生むかに見えた法の網が、市民活動や労組を覆い、関西生コン事件の土壌になったということだろうか。

「『都道府県警』の予算のほとんどは国からの支出で、実質的には警察庁の地方支店。八九人もの逮捕者を出したというなら、その捜査について本庁も政府も何も知らなかったというのは普通なら考えにくい」とも原田は付け加えた。

実際、暴対法施行の四年後の一九九六年に出版された著書[*16]で、著者の宮﨑乾朗弁護士は、個人加盟労組による労使交渉について「資金稼ぎに労働運動の名を借りた民事介入暴力」と呼んでいる。宮﨑は、先に述べた田中機械争議の「労組つぶし」とされた破産事件で、破産管財人を務めているが、この本では、労組が経営側の弱みを調べて追及するなどの行為について「暴力団と変わらない」と述べ、「消費者運動、政治運動、同和運動、あるいは株主代表訴訟などを隠れ蓑にして、相手の弱みを探し出し、それをおどしの材料に使う手口が増えてくる」とする。社会運動の調査・抗議活動を、丸ごと暴対法の対象に組み込んでいこうとする兆しが、早くも出ていたことになる。

また、暴排条例について、元警察庁キャリアで暴対法立案者の後藤啓二は、暴対法によって暴力団が合法性の仮装を迫られたとし、「必ずしも暴力団に限らず、企業に対して継続的に違法ないし社会的相当性を欠く要求を行う団体・人物（中略）を警戒の対象とせざるを得ません[*17]」として、「反社会的集団」を経済取引から排除する必要性を説いている。

労組の団体交渉は「企業に対して継続的に要求」する行為だ。「違法ないし社会的相当性を欠く」と警察から判断されることがあれば「排除」してもいい、とならないだろうか。

「労組をつぶす社会」のジリ貧

大槻文平ら経済界は一九八〇年代、オイルショックと「低成長」入りを理由に労組を抑え込み、「所得倍増」の空気を一変させた。それ自体は、人々に発想の転換を促し、社会を新事態に対応させる効用もあったかもしれない。だが、問題は、そうした四〇年も前の言説が日本社会につきまとい続け、非正規労働者が五人に二人にまで増えて日本が先進国中唯一、賃金が下がり続ける国となり、賃金の低下による「賃金デフレ」が消費を妨げ、貧困が蔓延する事態になってもなおこびりついていることだ。

この章でも述べてきたように、経営側のなかにも、大槻路線に対し内需拡大のための賃上げ路線を提唱したり、「草食動物」の生き残りをかけて労組と連携したりする動きはあった。だが、それらを押しつぶすように、経済界は、生産性基準原理、労働者派遣の解禁、成果主義、個人請負化と、賃金が上がらない仕組みを繰り出し続けてきた。

とはいえ、経営側が賃金を出したがらないのは習性のようなものかもしれない。むしろ私たちの不幸は、国民の経済生活を豊かにすべき立場にあった政府で、首相自らが労組つぶしを公言し、警察や検察が「許されない三つのこと」を四〇年間保存し続け、賃上げを目指す労組の動きを抑えこんできたことだ。賃金デフレに悩む国民経済の現状からも、格差の是正や賃上げを目指す各国の潮流からも取り残された「ガラパゴス化」とも呼ぶべき状況が、経済政策に関係のない組織によってつくられてきたとも言える。そしていま、こうした動きの総仕上げのように、「暴力団」や「テロ」対策を理由に労組の自由な活動を鈍らせる法的な整備が着々と広げられている。

先に、賃金が上がるには、①労働力のひっ迫による市場的な圧力か、②労組による社会的な圧力かのいずれかが必要と述べた。だが、第二次安倍政権下では、「賃上げ」などへ向けた「働き方改革」が叫ばれる一方で、関西生コン事件のような抑え込みが起き、②を鈍らせている。①の市場圧力は少子化によって高まる兆しがある。だがこれも、技能実習生などの外国人労働力を待遇改善策なしで拡大する「開国」政策によって、早くも緩和されようとしている。「賃下げ社会」は、「できた」のではなく、「つくり出された」てきたのだ。

関西生コン事件が起きてから三年たった二〇二〇年一二月、大阪広域協組が「経営者会」に代えて新たにつくった経営者団体「西日本建設関連オーナー会」と、ストに参加しなかった建交労関西支部などによる「近畿生コン関連協議会」が新規採用者の「産業別モデル賃金」の合意書に調印した。それによると、最高の五五歳でも年収五五〇万円、年間休日は一〇五日となった。事件前の二〇一七年四月の春闘協定書は年齢にかかわらず、年収基準は六三〇万円、休日は一二五日。これに比べると大幅な下落と言える。週休二日もなくなり、大阪は、ミキサー車が土曜も休まず走る街に逆戻りした、と運転手の一人はつぶやく。

財務省の「法人企業統計調査」によると二〇一九年度の企業の内部留保は四七五兆円を超え、

八年連続で過去最高を更新した。また、この二〇年間で、株主配当は六倍を超えた。一方、日本人の平均年収は二〇一五年に韓国に抜かれ、二〇一九年のOECD（経済開発協力機構）の調査では三五か国中二四位、先進七か国（G7）中では最下位となった。

働き手にカネが回らない労組抑制社会で、貧困が私たちの足元を浸しつつある。

＊1　二〇一九年一一月二二日　第二〇〇回国会衆議院経済産業委員会第八号の議事録から。

＊2　二〇〇九年の政権交代時の民主党政権のスローガン。

＊3　「コンクリート新聞」二〇一九年一二月一九日号。

＊4　「第一六六回国会における安倍内閣総理大臣施政方針演説」二〇〇七年一月二六日。https://warp.ndl.go.jp/info:ndljp/pid/244428/www.kantei.go.jp/jp/abespeech/2007/01/26sisei.html

＊5　長谷部恭男『憲法とは何か』岩波新書、二〇〇六年。

＊6　武建一『大資本はなぜ私たちを恐れるのか』旬報社、二〇二〇年。

＊7　同前。

＊8　田中智子「労働者の特性にみる戦前の三池炭鉱における労務政策の変遷と労働者の抵抗に関する考察」「佛教大学大学院紀要第三七号」二〇〇九年三月。

＊9　関西地区生コン支部五〇年誌編集委員会編『関西地区生コン支部労働運動50年〜その闘いの軌跡』社会評論社、二〇一五年。

＊10 武・前掲一三一頁。

＊11 要宏輝「強い労働組合の宿命を超克して」総評全国金属労働組合大阪地方本部・港合同田中機械支部編『工場占拠・暴力強制執行糾弾破産法突破闘争勝利の記録』一九八九年。

＊12 鎌田慧『職場に闘いの砦を』五月社、一九七七年。

＊13「近代日本の産業人（29）大槻文平～気骨あふれる信念居士」「日刊工業新聞」デジタル版、二〇一六年一月二五日。 https://www.nikkan.co.jp/articles/view/00372850

＊14 一九九四年三月一四日付「朝日新聞」。

＊15 前掲「関西地区生コン支部労働運動50年」一四五頁。

＊16 宮﨑乾朗『宮﨑乾朗のミンボー事件簿』金融財政事情研究会、一九九六年。

＊17 後藤啓二『企業・自治体・警察関係者のための暴力団排除条例入門』東洋経済新報社、二〇一二年、一七六―一七七頁。

第6章

影の主役としてのメディア

［写真］労働運動を「恐喝未遂」などとして扱った報道
＝連帯ユニオン編『労組やめろって警察に言われたんだけどそれってどうなの』（旬報社、2020年）から

関西生コン事件は、労使関係への警察・検察の大規模な介入によって引き起こされた。だが、取材の間、付きまとい続けたのは、ここまで事態を深刻化させた背景にはもうひとつの主役がいたのではないかという思いだった。メディアである。

前章で登場した原田は、私の取材に備え、ネットなどで事件についての情報を検索してみたという。その結果、「普通の労組じゃない、あっちの方と二足の草鞋を履いているのではないのか」という印象を持ったという。「あっちの方」とは暴力団のことだ。

二〇一九年、神奈川県内の自治体職員と市民講座の打ち合わせをしていたときも、「最近、関西生コン事件に関心を持っている」と言うと、職員は一瞬、それ何？　といった表情になり、すぐに「ああ、関生支部って確か関西の方の暴力的な団体ですよね」と言った。労働問題にはあまり関心がなさそうな職員で、関東では主要メディアの報道はほとんどない。だが、「関生支部」については、どこかでなんとなく聞いた記憶があり、「暴力的な団体」というイメージだけがあったという。

「関生支部に詳しい」というリベラルな文化人が暴力団との関係をほのめかすので、情報の出どころを問い正してみた。出てきたのはあいまいな伝聞だけだった。

共通しているのは、関生支部については直接は知らない、でも「暴力的な団体のようだ」という点だ。よく知らないということが不安をあおり、そこに「警察まで介入している」という事実が加わって、近寄らない方がいい、なんだか怖いことという空気が関西生コン事件を取り囲み、そして事件への理解を阻んでいく。

ここでメディアは、二つの役割を果たしていた。ひとつが、「関生支部は暴力的集団」のイメージを拡散し、事件を敬遠する空気を作り出すこと。もうひとつは、沈黙を続けることによって、「よく知らないこと」への不安を生み出すという役割だ。

検索したらヘイト

二〇一九年、「関西生コン事件」について関心を持ち始めた私も、だれもがするようにネットを検索した。一瞬、腰が引けた。ネット上の記載は、「関生支部＝暴力集団」の情報一色で、しかも、おどろおどろしいものばかりだったからだ。まず目に飛び込んできたのは、関生支部員のさまざまな抗議活動の動画だった。関西弁で怒鳴っている顔の大写しが、ものものしい音楽と組合批判のナレーション付きで繰り返されていた。

3章で述べたように、一二月ゼネストで経営側は、ビデオカメラを用意して労働側を待ち構えていた。ネット上の動画の映像は、大阪広域協組への取材の際に見せてもらったビデオと酷似していたので、経営側の提供かと思われる。

これらの動画には、「瀬戸弘幸」という名が頻出していた。瀬戸は3章で取り上げた大阪駅前の街頭宣伝や関生支部の組合事務所乱入事件で中心的存在とされ、『ネットと愛国』などの著書で知られるジャーナリスト、安田浩一は、次のように記述している。[*1]「(瀬戸は)ネオナチの極右活動家として知られた存在だ。(中略)今世紀に入ってからは活動の〝主戦場〟をネットに移し、ブログを通して差別と偏見に満ち満ちた言説をばらまいた」。安田はさらに、一九九〇年代には外国人の排斥を唱えてカギ十字をあしらったビラ貼りをし、「在特会」(「在日特権を許さない市民の会」)にも急接近していると書いている。

ちなみに瀬戸は、関西生コン事件をめぐる「闘争記」も二〇一九年に出版している。出版社は青林堂だ。同社はかつて、先進的な漫画雑誌「月刊漫画ガロ」の出版社として知られたが、最近は「嫌韓本」や外国籍の人々を攻撃する団体の主要メンバーの著作などの出版が多く、二〇一七年にはパワハラ問題によって社員に提訴されたことも報じられている。[*2]

瀬戸は自ら、これらの活動が大阪広域協組側の依頼によるものであることを明らかにしていた。私はそれを、関生支部が瀬戸を相手取って大阪地裁で起こした名誉毀損訴訟の裁判資料から知った。

提訴はフジタ事件での逮捕開始の約一週間後の二〇一八年七月二四日で、瀬戸のサイトや街頭宣伝・ちらしなどの内容が名誉棄損にあたるとしたものだ。その後、この裁判では原告の関生支部側から証拠として、瀬戸が書いたブログ記事が提出された。[*3]この記事によると、瀬戸は二〇二〇年八月三〇日、「関西生コン労組つぶしの弾圧を許さない東海の会」の集会でヘイトグループと関西生コン事件について講演した安田を会場入り口で待ちかまえ、「対決」したとしている。瀬戸が大阪広域協組から月七〇万円を受け取っていたことを問題にした安田に対し、瀬戸は記事の中でこれを認め、次のように反論している。

「私は大阪広域から紹介された経営者協会と業務委託契約を結び仕事をしたので、その対価として報酬を得たのは事実であり、それは何もやましい事ではない」。

私たちの「関生像」を大きく規定してきた情報は、月七〇万円で請け負われた「仕事」によるものだったということだ。

SNS上にあふれる情報発信の一端を垣間見せる記述である。

「偽装労組」扱いや「嫁」の紹介も

ネット上の関生情報が、当初どのように展開されていたかを知るため、「関西生コン」をキーワードに検索（二〇二一年五月八日現在）し、その一番目から一五番目までの投稿のうち、関生支部員の逮捕が続いていた二〇一九年までの日付のものを拾い出して掲載の日付順に並べてみた（図表9）。見出しからもわかるように、まず、圧倒的に「関生支部＝暴力集団」とする立場からのものが多い。発信者または掲載媒体を見ると、広域協組など経営側や、警備警察や公安関係の情報が得意分野といわれる「産経新聞」、勝共連合などによるものが大半だ。

このうち、「独占連載『偽装労組』」は、「近畿生コン関連協議会」（関連協議会）という労組

掲載年月日	タイトル	発信者または掲載媒体
2019年		
3月1日	立憲・〇〇氏と極左「関西生コン」の闇を徹底追及せよ	国際勝共連合
4月19日（5月19日更新）	「関西生コン事件」の経緯まとめ（１）	開国情報
7月23日	関西生コン事件とは?【逮捕者続出】報道しない理由もわかりやすく説明!	RUMBLE
8月30日	独占連載「偽装労組」～連帯ユニオン関生支部の正体を暴く　vol.1	KURS（コース）近畿生コン関連協議会
9月4日	解決金名目で１億５千万円恐喝容疑　関生トップら２人再逮捕	産経新聞デジタル版
10月15日	経済産業省が統括する協同組合の実態が・・・・これだ!	連帯ユニオンブログ
2020年		
8月21日	関西生コン労組事件「逮捕権の乱用」「国家の不当介入」のべ89人逮捕、600日超長期勾留…国に損賠求め役員ら陳述	京都新聞デジタル版

図表9 ◉関西生コン事件、逮捕後の主なネット上の報道

掲載年月日	タイトル	発信者または掲載媒体
2018年		
4月5日	連帯ユニオン関生支部による 嫌がらせ〜企業恐喝の実態　vol. 2	和歌山県広域 生コンクリート協同組合
8月28日	関西生コン武建一の息子や嫁は？ ○○との関係は？逮捕歴も	恋や仕事を頑張る女性の ためのWEBマガジン 地方女子
8月31日	○○議員に“ブーメラン”？ 生コン業界の“ドン”逮捕で 永田町に衝撃	週刊朝日 (AERA dot.)
10月21日	関西生コンって一体何者なんですか？ 暴力団？右翼団体？	Yahoo !知恵袋
10月22日	【衝撃事件の核心】 なぜ…生コン「労組」相次ぎ逮捕	産経新聞デジタル版
11月5日	関西生コン事件 〜逮捕されたのは 立憲民主党・○○議員と親密な人物	ニッポン放送 NEWSONLINE
2019年		
1月26日	企業や権力に反対する労働運動が 威力業務妨害 !? 恐喝 !? この流れは絶対に 跳ね返さないといけない！ 学習会「関生支部への大弾圧は 何の始まりか？」2018.12.21	IWJ
2月5日	関西生コン支部１６人逮捕へ 滋賀県警が恐喝未遂容疑	産経新聞デジタル版

の連合体によるものだ。これまでの章で述べたように、「業界の大同団結」の一方で、関生支部を中心に関係六労組は「労組連合会」を結成して「大阪兵庫生コン経営者会」との集団的な労使交渉を開始した。ところが、二〇一七年一二月の大阪港ＳＳゼネストで、この「労組連合会」のうち関生支部と全港湾大阪支部を除く四労組が直前で不参加を決め、うち建交労関西支部など三労組が、その約一か月後の二〇一八年一月に結成したのが、この「関連協議会」だ。

「関連協議会」は、大阪広域協組と、同協組の理事会メンバーらが役員を務める「西日本建設関連オーナー会」の後押しで業界広報紙をネット上に立ち上げた。連載は、このサイトで始まっている。

ここでは、関西生コン事件が「建設関連企業に対して本来の組合活動とは程遠い『恐喝』や『威力業務妨害』などの反社会行為に及び、二〇一八年七月一七日の摘発から二〇一九年八月二〇日までの一年あまりの間に、前代未聞の延べ八六名の逮捕者を出している」[*4]（原文ママ）と、ヘイトグループ・経営・検察側の定義に則って説明されている。

このように、二〇一七年のゼネストまで「労組連合会」と「経営者会」の連携によって進められていた業界再建の試みは、次々と、大阪広域協組主導による関生排除の装置に変換されていき、広域協組の資金提供によるヘイトグループの街宣や、広域協組に協力的な労組によるネット連載などによる情報面での地ならしを経て、大規模な逮捕劇へとつなげられていく。

図表９に登場する投稿では、「Ｙａｈｏｏ！知恵袋」のような一般的な質問サイトも活用され

ている。この欄は、ある事柄について知りたい人が投稿すれば、見知らぬ人たちから適切な助言が寄せられる助け合いサイトだ。だが、二〇一八年一〇月二一日付投稿の「関西生コンって一体何者なんですか?」で始まる質問は、「暴力団?右翼団体? なぜそんな関西生コンからコンクリート車を建設業者は手配しないといけないの?他社から買ったらダメなの?」とし、「暴力団か右翼」という決めつけから始まっている。ちなみに「関西生コン」という名の組織は存在しないが、文脈から関生支部のことかと思われる。

この質問に対する「ベストアンサー」とされた回答も、「関西生コンだけではなく、日本中の生コン業者は、その地域地域で『生コン組合』を組織し、価格統制し価格維持をしています。明らかに価格競争を否定している不公正な取引なのですが、これが現実なのです。当然新規の生コン業者は参入させません」と、アウト業者を支持する内容となっている。

戦後、財閥解体と同時に制定された独占禁止法は、中小企業保護策のひとつとして中小企業が協同組合を結成して価格協定を交わして大企業と対抗することを例外として認めた。1章でも多少触れたが、この協同組合を独占禁止法の適用除外とする仕組みに着目した当時の通産省（現経産省）が、過当競争による値崩れによる社会崩壊を防ぐため、共同組合による共同受注・共同販売を政策的に奨励した。ここでは、そうした位置づけは完全に飛ばされている。事情を知らない人たちによる焦点ボケしたやりとりのように見せているが、意図は明らかだ。

また、「女性向け」や「サラリーマン向け」など、「工夫」の跡も目立つ。たとえば「RUMBLE」

というサイトには「サラリーマンの為の成長読本」という副題がついているものの、内容は、関西生コン事件が報道されない理由はマスメディアが○○議員に忖度しているから、というもので、またしても特定議員への嫌がらせだ。

つい笑ってしまうのは、「恋や仕事を頑張る女性のためのWEBマガジン　地方女子」というサイトだ。年配男性に「女の子風のイメージは？」と聞くと、ピンクや花柄を持ち出すことが多いが、このサイトは、いかにもそんな感じのピンク一色に統一されている。にもかかわらず、いきなり「関西生コン武建一の息子や嫁は？　○○議員との関係は？逮捕歴も」と、ある野党議員の名前の入った見出しが登場。さらに、「八月二八日、武建一氏が逮捕されたという報道が入ってまいりましたが、過去にも何度か逮捕されたことがあるようで、すでに前科があります」と続く。「恋や仕事を頑張る」とはおよそ無縁の唐突な内容だ。そもそも見出しの「嫁」という用語が妙にオジサン風だが、作成者は「家族」について取り上げることで、女性向けを狙ったつもりだったか。

リベラル野党政治家の追い落とし策？

ここまで「○○議員」と匿名扱いしてきたのは、実名を再録することによる名誉棄損の二次被害を避けるためだ。図表9からもわかるように、この○○という名前は執拗に繰り返され、それがSNS上の関西生コン事件記事の特徴のひとつとなっている。この議員は国会質問で、安倍首相を鋭く追及してきたことで知られる。また、図表にはないが、『関西生コンの役員』に名前が出てる政治家一覧」という投稿もあり、ここでは主要なリベラルな野党政治家の名前がずらりと並ぶ。この間の取材の過程では、関西生コン事件に絡めて、これらの野党議員に不利になる噂を官邸筋が収集している動きも耳に入った。「関生支部＝暴力団」という印象付けと抱き合わせで、労組に親和的なリベラル野党政治家の追い落としを図ろうとする狙いともみられる。

「AERA dot.」に掲載された記事は、そうした「〇〇議員攻撃記事」のひとつだ。リベラルと言われる大手紙系列のネット媒体であるだけに、それなりの裏付けがあるのではないかと目を通してみた。だが、そこには、メディアリテラシーの格好の教材と言いたくなるような問題点が多数、含まれていた。

「〇〇議員に〝ブーメラン〟？ 生コン業界の〝ドン〟逮捕で永田町に衝撃」と題されたこの記事では、武委員長を「ドン」と呼び、その逮捕によって委員長らに献金などの支援を受けてきた野党議員が衝撃を受けている、とされている。「ドン」という呼び名は他の報道でも使用されているが、これが、読者に「ドン＝マフィア＝暴力団＝関生支部」の連想を喚起させる仕掛けとなっている。

それ以上にこの記事が問題なのは、何が違法なのか、どこに倫理的な問題があるのかが、一向に見えてこないことだ。

○○議員への献金が不記載だったとか、献金と引き換えに政策を私的利益のために誘導するかいう何らかの違法性があったのかと思って読んでみたが、それに関する記述はない。求める政策の実現のために活動する議員に、有権者が献金などの支援を行うこと自体は、一般的な行為だ。また、「組合活動と称して、団交に応じない会社があれば車で社長の自宅周辺を街宣」とも書かれているが、労組の団交要求に応じないことは不当労働行為ともみなされ、これに抗議する活動は「団体行動」として、4章の労働法研究者らの意見書でも合法とされている。

記事の末尾には記事の筆者として「本誌取材班」とある。そうした労働法の基本知識を持つ記者は「取材班」に参加していなかったのだろうか。仮にそうした記者がいない場合でも、関生支部の言い分を正面から取材すればわかったはずだ。

実は二〇〇五年にも、規模は小さいが似たような容疑で関生支部が捜索され、武委員長らが逮捕されている。当時は逮捕から約一か月後、人権の面から社民党国会議員調査団が派遣されている。今回は、そうした国会議員の動きは見られなかった。何が違法なのかをはっきりさせないいまま「不適切な何か」を匂わせ、「野党議員たたき」に回る報道がリベラルと言われる大手紙系の媒体に登場したことが、有権者の反応に敏感な議員たちを足止めしたとも考えられる。

「AERA dot.」は二〇二一年にも、契約社員に対する雇い止め訴訟の記事をめぐり、原告社員が加入する労組から「事実関係の誤りによる原告への二次被害」とする抗議と公開質問状を受けている。これに対し、編集部側は、原告敗訴を言い渡した高裁と最高裁の判決に基づいたものとして、訂正を拒否している。

二つに共通するのは、ＳＮＳ報道によくある事実確認の甘さを、逮捕や判決などの公的機関の判断があれば「事実」の証明は足りているという従来型報道手法の論理で押し切ろうとする姿勢だ。

このように、関西生コン事件をめぐるＳＮＳ発信者をたどっていくと、広域協組側からの支援を背景にしたヘイト集団や、出版社、大手報道機関、野党攻撃を目指す政権側、といったさまざまな組織による情報包囲網のようなものが見えてくる。

ＳＮＳが偏見を助長する構造

こうした発信が検索で上位に並び、客観的事実であるかのように一般の人々に浸透していく背景には、検索エンジンの仕組みもある。

検索エンジンとは、グーグルなど、インターネット上に存在する情報（ウェブサイト、画像ファイル、ブログなど）を検索する機能だ。私たちは、初めて出会う言葉や事象について知りたいとき、「ググる」ことが、すでに習慣になっている。そのとき、上位にくる情報から読んでいくため、コンテンツが上位にあることは人々への情報の浸透に極めて重要だ。

コンテンツの順位を左右するのは、コンテンツの質と被リンクの数と質などとされる。[*5]「コンテンツの質」とは、検索キーワードに対する答えとなるような適切な記事内容だったり、検索ユーザーにとって分かりやすく読みやすい記事内容、記事構成を備えていること、つまり、検索ユーザーの疑問を解消したり、願望を叶えたり、悩みを解決したりできる記事内容になっていることだという。

また、被リンクの数と質とは、他のサイトから「この記事は参考になった」とリンクを張って紹介されるような、サイト・記事に対する支持票のようなもの、と言われる。

関西生コン事件は一般消費者との関係が薄い生コン業界が舞台だ。そのため、二〇一九年ごろまでの時期にこの事件について検索を行っていたのは、業界内の「内輪の層」だった可能性が高い。当時、関生支部は逮捕への対応で追われていた。「ネットに投稿したり、検索したり、リンクを張って紹介したりする余裕もなかった」(関係者)なかで、大阪広域協組と連携した利害関係者や、ヘイトグループなど「仕事」として情報拡散を行っていた人々の投稿や閲覧が集中し、関生支部に敵対的な情報が上位を占めることになる。

そうしたなかで、たまたま「関西生コン事件」について聞いた人が検索すれば、先に述べた情報包囲網に関わる人々が発進する情報にしかぶつからない。こうして、関西生コン事件の経営側による定義を刷り込まれてしまうと、以後、異なる情報が入ってきても、「嘘の情報」として避けることになりがちだ。

図表9では、独立系報道機関「ＩＷＪ」と関生支部の上部団体「全日建(連帯ユニオン)」の

ブログが、かろうじて労働側の立場から登場しているだけだ。こうした状態は、関西生コン事件を、刑事事件でなく労働運動としての見地から報道する主要メディアがこの時点ではほとんどなかったことが関係している。事件を憲法二八条や労働組合法の労働基本権の見地から検討し、幅広く論じるような主要メディアの報道があれば、関西生コン事件の印象は大きく変わっていたはずだ。

芸能人並みのカメラの放列

こうした主要メディアのなかで目立ったのは産経新聞の報道ぶりだ。大阪港ＳＳ事件での逮捕では、逮捕当日の二〇一八年九月一八日付朝刊で報じ、「関西生コン支部を捜索／大阪府警、業務妨害疑い」という三段半の見出しの下に、同年三月の警察による事前の事務所捜索の一段半分の写真がつけられ、事実上五段抜きにも見える掲載となった。

記事は「捜査していることが17日、捜査関係者への取材でわかった」「近く幹部らから事情を聴く方針」という「方針記事」だが、逮捕当日の朝刊の掲載へ向け、前日に警察から情報を得て記事を準備し、前日の締め切り時間前に組み込むという、一種の逮捕予告記事だ。警察などの発表を他社に先駆けて書くことは業界では「特ダネ」として珍重される。逮捕後、産経新聞は、朝刊の予告記事（「特ダネ」）の余勢を駆るかのように、午後に配達される夕刊や、デジタル版に組合員の連行写真付きで記事を掲載した。地元関西圏の大手テレビ局による一斉発信も始まった。NHKも電子版で連行される連行写真つきの記事を掲載し、全国ニュースでも放映された。見出しは「スト」ではなく、警察の発表をなぞった「運送業者の出荷妨害」で「一六人逮捕」とするものだった。SNSでのヘイト的報道による地ならしの上に、これら主要メディアによる、警察の発表に依拠した報道が展開され、関生支部員は犯罪者、というイメージを定着させていく。

当日の予告記事もさることながら、連行写真を撮らせるためには、被疑者の自宅などが各社の記者たちに事前に伝えられていなければならない。こうした報道と警察の連携は、逮捕された組合員とその家族たちに過酷な傷を残し、司法によって有罪か無罪かが決まる前の、報道による刑罰とも言えるものとなった。

このとき逮捕された一人、七牟礼時夫の体験談は、そんなメディアの役割を生々しく伝えている。

九月一八日の早朝、七牟礼の自宅のインターホンが突然鳴った。「こんなに早く、だれだろう」とドアを開けると、強い光に目がくらんだ。カメラのストロボだった。警察官の横に大手メディアの社名の入り腕章をつけた記者たちが見えた。

自宅は路地の奥にある。表通りまで連行されていく途中の路地沿いを、カメラの列が埋めていた。時代劇の「市中引き回し」のように歩かせられながら、七牟礼は、妙に冷静に、「テレビで見た芸能ニュースみたいやな」と考えていたという。

その姿は、テレビや新聞、ネット配信を通じて各家庭にまで流された。七牟礼は、子どもも見ていただろうと思った。だが、釈放後、この件について子どもは何も言わなかった。学校で何か言われているかもしれないと胸が痛んだ。だが、どう説明していいかわからず、その件についてはいまも話し合えていない。

有罪かどうかはっきりしない、逮捕時点で容疑者の映像を流す手法は、しばしば人権侵害として問題になってきた。特に今回は、「労使自治」として、労使の交渉による問題解決を原則とし、労組法でも保護されてきた労働分野だ。にもかかわらず、交渉の当事者の一方である労組側の連行写真が、盗みや殺人でも行ったかのように大写しで流される――。メディアが「中立」を放棄し、組合活動に対する私刑《リンチ》ともいえる制裁を加えた瞬間だった。

利用された主要メディアの沈黙

こうした突出はあったものの、主要メディアの関西生コン事件についての報道は、総じて沈黙に近い状態が続いた。産経以外の記事は、必ずしも大々的とは言えず、朝日も読売もさほど大きくない見出しで「出荷妨害」という警察発表をあっさり伝えている。

大量逮捕に異常を感じていた記者もいただろう。また、労組のストには保護があったのでは、と考える記者もいたはずだ。それでも正面切って警察の逮捕に疑問を挟むことはためらう、という空気がそこに感じられる。この沈黙は、SNSや一部主要メディアの大騒ぎのなかで「対抗報道の不在」ともいえる現象を生み、メディアの関生支部たたきを独り歩きさせることになる。主要メディアは、ひとつは「報じること」によって、他方では、「報じないこと」によって、関生支部たたきを強める役割を果たしてしまったとも言える。

加えて、ヘイトグループなどによるSNS包囲網は、主要メディアの記者たちを萎縮させる効果も生んでいた。

海渡雄一弁護士の証言は、こうした効果を、浮かび上がらせる。海渡は関西生コン事件に強い疑問を感じ、二〇一九年二月、ゼネストをめぐる大阪地裁公判を傍聴している。その際、記者会見を開き、警察発表に頼るのでなく、事件の背景を取材してほしいと話した。

会見後、ある大手紙の記者が海渡のもとにやって来て、「警察発表の垂れ流しでウチがご迷惑をおかけしています」と率直に謝った。一方で、「先生はユーチューブ見たんですか、あれは労働争議じゃない、市民感情と相いれませんよ」と憤然と詰め寄った大手放送局記者もいた。

映像による報道を商売にしているなら、この記者も、動画の見え方が編集の仕方によって大きく変わることは知っていたはずだ。図表10の左の図は、マラソンでゴールインして喜んでいる男性のイラストの下半分をカットしたものだ。だが、このイラストに、「銃を突き付けられ、あせっている男性」というナレーションや怖い音楽をつければ、まったく異なる映像に変化する。

主流メディアには、ネットがつくる情報環境を現場取材によって検証する役割が期待されてき

図表 10◉解釈は切り取り方次第

▲
銃を突き付けられた恐怖

▲
うれしいゴールイン

たはずだ。それがいまや、「ネット環境が作った仮想現実に沿って取材する」という方向に変わってしまったのか。

その沈黙ぶりは、国会という場を通じ、関生支部の「怖さ」を強調するためのネット戦略にも活用された。

5章で、二〇一九年の足立議員の国会での破防法適用提案に触れた。この質問のなかでは、「(これだけの大きな事件なのに)マスコミの方に何でこれを報道しないんだと言ったら、怖いからしないんだ、こういうふうにおっしゃっていた記者の方もおられました」とされ、メディアの沈黙が「関生支部の暴力性」の証拠として利用されている。同様の手法は、衆議院予算委員会で二〇二〇年二月二五日、自民党の杉田水脈議員によっても繰り返された。[*6] ちなみに、足立議員は大阪広域協組がある大阪を地盤とし、杉田議員は、大手セメントメーカー宇部興産がある比例中国ブロック選出だ。

杉田は「事件の規模や内容、被害金額の大きさに比べて、余りにも報道や情報が少なく、憶測や虚実不明瞭な情報が飛び交っていることで、様々な影響が生じているのではないかと懸念」した、と切り出し、さらに、「逮捕者がこれほどたくさん出ている以上、これらの行為によって不当に得た利益が発生している疑いもあるのではないか」「被害額は被害者に返還されるべきではないか」「脅迫など不当な行為によって得た利益はどういう形になっているのか」と述べた。「逮捕者が多い→被害が莫大なはず→それは脅迫によるものに違いない→返還要求」という論理の飛躍がそこにある。

杉田の質問はさらに関生支部と野党議員を強引に結びつける「ほのめかし」に向かい、ネット上で公開されて、「国会劇場」とも言える宣伝媒体として広げられていく。メディアの沈黙が、野党議員たたきのSNS戦略にまで転用された一例だ。

「警察取材」という壁

そんな流れに業界の外側から待ったをかけたのが、4章の労働法学者たちの声明だった。厚生労働省の記者クラブで研究者らが声明について発表し、その意義を説明し終えたとき、声明のまとめ役の一人だった毛塚が、「記者のみなさんに、こちらから聞きたいのだが」と身を乗り出した。

「こんな事件はめったにないと私は思う。それなのに、なぜメディアは関心がないのか。取り上げにくい何かがあるのか」

足立や杉田とは逆の立場から、マスメディアの沈黙が問われた瞬間だった。

参加していた記者たちはいずれも労働問題に詳しく、労働報道のエキスパートだった。その彼らが、答えに詰まって黙った。一人が「刑事事件が絡んでくると書きにくい、という面はあるかもしれない」とためらいがちに答えたが、その後は再び、沈黙がその場を支配した。

この回答は、メディアの沈黙のひとつの原因として注目される。労働事件なら労働記者として論陣を張りやすい。だが、いったん刑事事件として扱われてしまうと「警察担当」の縄張りになる。縦割りが強いマスメディアの世界で、そこに出張っていくのは、そう簡単ではないからだ。

すでにある部署が扱っているテーマや取材対象に、他の担当部署から対立するような趣旨で記事を書かれると、先行して担当していた部署が築いてきた取材先との信頼関係も損なわれ、その後の取材がしにくくなるという問題も起きる。

それだけではない。「刑事事件が絡んでくると書きにくい」のは、主要メディアの警察取材の在り方と深い関係がある。

主要メディアでは、新人記者は採用されると、記者訓練として、最初に「サツ回り」を担当させられることが多い。事件取材を通じて社会の裏を知り、「事実」の収集方法を習得する、という狙いだが、ここでは同時に、「食い込む」として、「取材対象に密着」することを叩き込まれる。

このような警察に「食い込んで」、警察が流す情報をそのまま報じる取材方法への疑問について、北海道警の裏金問題報道で知られる元北海道新聞記者の高田昌幸は、その著書『真実〜新聞が警察に跪いた日』で、次のように書いている。[*7]

「警察担当記者は、事件事故について、警察の発表を報じるか、もしくは発表前の情報を捜査員から入手し、他社より少しでも先に報道することが求められています。しかし情報のすべてを警察が握っている以上、どうしても警察の機嫌を損ねる記事を書きにくく、長年警察と報道機関は『仲良しの関係』を続けてきました。そして、その関係が積み重なった結果、両者の関係は、警察が『あるじ』、報道機関が『したがう』という完全な主従関係になってしまったのだと思います」

この本では、警察の不祥事を暴いた北海道新聞に対し、警察が徹底的な取材拒否で応じる模様が描き出される。そこには社内情報をもらしてまで警察との関係を修復しようとする警察担当記者や、高田らの頭越しに警察側と水面下で交渉する幹部も登場する。やがて、取材された元道警幹部が、高田らが出版した本をめぐり、名誉毀損の訴訟まで起こす。上記の引用は、この訴訟で高田らが札幌地裁に提出した陳述書の一部だ。

こうした関係のなかでは、事件担当の部署の記者が、警察の捜査に対し「労組法違反ではないか」などと異議を唱えることは、かなりの勇気がいる。先に述べた「AERA dot.」の二つの記事で、警察の逮捕や判決をもって是とし、被疑者や原告からの抗議に向き合わない姿勢を取ったのも、そうした「教育」の成果だったのではないか。

労働報道にとっての壁として懸念されているものは、もうひとつある。「企業としてのマスメディア」の壁だ。

マスメディア批判が強まっているいま、一般視聴者がマイナスイメージを持つテーマはできるだけ避けたいという萎縮がメディア内部に強まっていることは無視できない。加えて、現場に出ない新聞社やテレビ局の報道部門の上司にとって、ネットは重要な情報源になりがちだ。直接現場に接している記者が現場に即した記事を書こうとすると、ネットでの風評をもとに、「こんなものを書いて市民感情を逆なでするのはよくない」と抑え込むことにもなりうる。SNS上で拡散される情報が、「なんだか怖そうだから触れたくない」「巻き込まれたくない」という「空気」を形成し、その空気が主要メディアをけん制することになる。SNSという新手の情報空間が、「取り上げにくい空気」を作り出すというわけだ。

一九八〇年代以降、新聞は多角化路線を進めてきた。SNSの普及を背景に購読者や広告料が減少を続け、本業外の事業展開へ向け、不動産、デジタル、通販、イベントなどの新しい収益の柱づくりに力を入れている。その結果、「報道のための中立」を掲げてきた主要メディアが複合企業化し、主要メディアが「報道」より「経営」としての顔を強めることで「労組嫌い」の空気が強まりつつあるのではないかとの不安を取材先から聞くことが増えた。

関西生コン事件への反応とマスメディアの不動産事業が関係しているのでは、などという一部の憶測めいた見解は、もちろんうがちすぎだろう。だが、二〇二一年の東京五輪で、大手全国紙五社などが公式スポンサーになり、「イベント事業者」としての立場が五輪に対する批判報道を鈍らせたという指摘が、こうした憶測の背中を押している。「企業としての顔」が「報道」を損なわないための、しっかりしたファイアーウォール（相互浸透を防ぐための防火壁的な規制）づくりは、今後のマスメディアの課題だ。

情報環境の惨状を立て直す

労働基本権は、労働組合のためだけのものではない。生計を支えるために必須である労働の場でモノを言ったら逮捕されるような事態は、貧困の温床となり、市民生活全体に深刻な影響を及ぼすからだ。これを防ぎ、関西生コン事件についての正確な認識を社会が共有するには、これまで述べてきた情報環境の惨状を立て直す必要があると、私は思った。

紙媒体の世界では、少ないとはいえ、二〇一九年五月に、「週刊金曜日」で成澤宗男記者がすでに先鞭をつけていた。[*8] だが、まずは、「検索したら暴力団呼ばわりの記事ばかり」という瓦礫の山のようになったネット情報の世界を、なんとかしなければならなかった。ヘイトと警察が一緒にやってくるような事件について、ネット記事を書くのは気が重かった。だが、ネットマガジンの編集者に頼んで、加茂生コン事件の問題点を指摘する記事を掲載してもらうことができた。[*9]

正社員化や保育園の就労証明書の交渉についての逮捕をめぐる事件だ。

関西生コン事件を支援する人たちの集会では、ネット空間を変えるため、参考になった記事を転送・共有し、感じたこと、考えたことをSNSで発信していく手数を増やしてはどうかと提案した。

また、ネットに接することが少ない紙媒体の読者に対してもウィングを広げる必要があった。人権や幅広い社会問題を取り上げ、信頼度も高い総合誌での掲載を目指して、岩波書店『世界』の二〇二〇年二月号から四月号まで、三回の連載を始めた。ネット上での関生攻撃のためか、ためらう媒体がほとんどだったが、同誌の編集部は快く引き受けてくれた。この連載が関西生コン事件のまとまった報道としては初めてのものとなり、本書執筆の重要な基盤となった。

私と同じように感じていた人々は、実は、主要メディアのなかにも結構いた。

二〇一九年一一月八日、「朝日新聞」(大阪版)に、「正当な活動　犯罪に／関西生コン／議員ら抗議声明」との三段見出しの記事が掲載された。声明は、大阪・豊中市の木村真市議ら全国の自治体議員、元議員らが連名でまとめたものだった。記事では「関生が中小零細の生コン事業者と協力して大手ゼネコンに対抗してきたり、特定秘密保護法や『共謀罪』法に反対してきたことから狙われたのではないか」との木村市議の見方が示された。

同年一一月二二日付「東京新聞」の「こちら特報部」でも「労組に迫る抑え込み」との見出しで、木村市議らの声明をきっかけに、佐藤直子記者の記事が掲載された。

さらに、労働法学会有志声明の記者会見が開かれた一二月九日付で、毎日新聞（電子版）で東海林智記者が「関西生コン事件で日本労働法学会有志が捜査に抗議」と題する記事を公開し、翌一〇日付「京都新聞」にも、「正当な活動を処罰　労働法研究者ら抗議声明」の三段見出しの記事が掲載された。この記事を書いた「京都新聞」の日比野敏陽記者は、「警察担当記者の領域に他の分野の記者が手を出すことは越権ともとられかねない。だが、労働法研究者たちが事を起こしてくれたことで関西生コン事件に労働問題としての光が当たり、『刑事事件』から『労働事件』へ取り戻すことができた」。

朝日の記事を執筆した下地毅記者は、関生支部の組合員たちや、声明を出した木村市議と、社会運動の集会や取材などを通じて知り合っていた。逮捕された組合員たちが労組の脱退を警察から促されていることも取材で知り、「変だ」と感じていた。同記者は、「書きにくくても書くべきものを書くのが記者」と自分に言い聞かせ続けてきたが、「避けておいた方が無難」なテーマを渋るマスメディアの空気の中で、記事化は難渋をきわめた。「市議らの声明で、なんとかきっかけをつかめた」と言う。

多様な見解を伝えたいという人々の地道な努力が、決定打とまではいえないまでも、さざなみのような変化を生み出し始めていたのである。

二〇二一年五月中旬、「関西生コン」をキーワードに、検索してみた。一番上は、関生支部のホームページ、二番目は二〇二〇年八月二一日付の京都新聞のデジタル版の記事になっていた。見出しは、「関西生コン労組事件『逮捕権の乱用』『国家の不当介入』のべ八九人逮捕、六〇〇日超長期勾留…国に損賠求め役員ら陳述」。関生支部からの国家賠償請求訴訟の初公判の記事だった。

そこから下は、相変わらず「関生支部＝暴力集団」のPR記事が並んだが、二〇一九年までの状況とは異なり、ネット検索すると労働側からの見方にも接することができるくらいには変わった、ということになる。

こうした小さな押し戻しは、京都新聞の記事にあった「国家賠償請求訴訟」によって、「逮捕した側」の姿勢が問われる状況へと発展していく。次章は、そうした、「国による人権侵害」に対する労働者の側からの問い返しの動きを追っていきたい。

＊1　安田浩一「レイシスト人物録」『ストライキしたら逮捕されまくったけどそれってどうなの?』（連帯ユニオン編、旬報社、二〇一九年）所収。

＊2　吉野太一郎「青林堂の社員『パワハラで適応障害・休職』と提訴　経営者から『バカ』『スパイ』と連日罵声」（二〇一七年二月一三日付「ハフィントンポスト」）など。

＊3　甲第一四号証の1。

＊4　二〇一九年八月三〇日付「近畿生コン関連協議会　結」。

＊5　「検索エンジンに上位表示される仕組みを解説！1番上に来る理由」月刊副業二〇二一年三月一二日。

＊6　二〇二〇年二月二五日衆議院予算委員会第一分科会議録。

＊7　高田昌幸『真実〜新聞が警察に跪いた日』角川文庫、二〇一四年。

＊8　成澤宗男「労組の破壊を狙う「特攻型弾圧」が始まった〜六一人が逮捕された関生労組らへの攻撃」二〇一九年五月一七日付「週刊金曜日」。

＊9　竹信三恵子「正社員化要求したら『強要未遂』!?『関西生コン事件』に見る労働三権の危機」二〇一九年七月二二日付け「ハーバービジネスオンライン」。https://www.kyoto-np.co.jp/articles/-/340821?page=2

第7章

労働者が国を訴えた日

［写真］関生支部の武委員長の判決公判に詰めかけた支援者の列
＝2021年7月、大阪地裁前で撮影

二〇二〇年三月一七日、新型コロナの感染が急拡大するなか、全日建と関生支部ほか五者を原告に、東京地裁に訴状が提出された。五者は、全日建委員長の菊池進、関生支部委員長の武建一、関生支部副委員長の湯川裕司、書記次長の武谷新吾、執行委員の西山直洋。被告は国、滋賀県、和歌山県、京都府の四者とされていた。

国家賠償法一条一項には「国又は公共団体の公権力の行使に当たる公務員が、その職務を行うについて、故意または過失によって違法に他人に損害を加えたときは、国又は公共団体が、これを賠償する責に任ずる」とある。訴状は、この条項にもとづき、①組合と組合員らに対する団結権侵害、②湯川に対する違法な恣意的拘禁、③武谷に対する恣意的な保釈条件による自由権規約九条三項違反、④西山に対する裁判を受ける権利を侵害する違法な逮捕について、国、各府県に対し、計二〇九〇万円の損害賠償を求めていた。

組合員らの逮捕・長期勾留に阻まれて、外からは容易にうかがえなかった国の労働組合弾圧の実態が、法廷という場で明らかにされようとしていた。

「子どもの誕生日まで出られないぞ」

裁判はすぐには始まらなかった。同年四月にコロナ禍で緊急事態宣言が出されたからだ。加えて七月、被告側の京都府、滋賀県、和歌山県は、裁判を東京地裁でなく、京都地裁で行うよう

「移送申立書」を提出した。

被告側は、新型コロナの影響で人の移動が制限されたり、遠距離のため関係者の出頭に費用と日時が必要になり、訴訟の大幅な遅延を来したりするおそれがあるとし、関係者や証拠が関西に存在することに照らせば京都地裁が適当、と主張した。これに対し原告側は、感染が広がっていた東京から関西に弁護士が出向けばむしろ感染の関西への拡大につながるとしたうえで、関西の捜査機関の労組弾圧を問う訴訟を関西で行うといった、「衡平」を欠く事態を避けるために東京地裁に提訴した、と反論した。

原告側意見書では、①複数の裁判所のなかで、京都地裁が最後まで湯川の保釈を認めない裁判所だったこと、②大津地裁での湯川の公判に滋賀県警の捜査担当の刑事が傍聴に来ており、被告の証言への不当な圧力となるとして抗議書を郵送し、法廷で弁護側が退廷を求めたにもかかわらず大津地裁は担当刑事に退廷命令を出さなかったこと、③捜査担当者の圧力で脱退した組合員も多く、こうした捜査員の傍聴を通じた監視を恐れて傍聴者たちが威圧されること、などが挙げられていた。

東京地裁は、被告からの移送申し立てを却下し、これに対する抗告も棄却した。

提訴から約五か月後の二〇二〇年八月二一日、第一回口頭弁論が開かれた東京地裁の法廷の原告席に、組合側の五人が並んだ。国側が被告席に並ぶという逆転の構図だ。以下、出廷者たちの意見陳述から、大量逮捕の影で見えなかった組合員たちの体験を追ってみたい。

意見陳述の口火を切ったのは、関西生コン事件の弁護団の太田健義弁護士だった。

太田が接見した組合員は、「このままでは子どもの誕生日まで出られないぞ」と警察に脅され、虚偽の自白調書を作成する直前まで追い込まれた。別の弁護士が接見して助言し、虚偽の罪に落とし込まれないよう黙秘を続けたこの組合員は、起訴直後に釈放され、子どもの誕生日には間に合った。ただ、また逮捕されれば精神的にもたず、家族ももたないとして、労組を辞めた。「その意味では、組合を潰すという捜査側の目的は達成したと言えます」と太田は述べ、次のように続けた。

「この刑事事件が一番異様な点は、いずれも正当な組合活動が犯罪とされていることです」「身分保障のある裁判官には理解できないかもしれませんが、現場の労働者は、自らの生活を安定させるには、必死になって組合活動に加わり、自らの手で労働条件を安定させるしかありません」[*1]。

生計の道を断つ保釈条件

続いて陳述した武谷の体験は、保釈条件の奇妙さをあらわにした。

武谷は二〇一九年七月、和歌山県警に逮捕されている。4章で述べた、元暴力団員とされる人物らが関生支部事務所近くに出没し、和歌山広域協組の事務所に関生支部員らが抗議に出かけた事件だ。その際、抗議に同行し、事務所での話し合いの場に居合わせたことが、強要未遂と威力業務妨害とされた。同年八月九日、和歌山地裁に起訴され、同一六日に保釈されたが、その保釈条件は異様とされるこの事件のなかでもとりわけ異様さが際立つものだった。関生支部の関係者とは、弁護人を介する場合を除いて一切の接触をしてはならない、関生支部の事務所に一切立ち入ってはならないというものだったからだ。

これを異様と呼ぶのは、武谷は関生支部の書記次長兼専従職員だからだ。書記次長は組合員と会ったり、電話やメールで打ち合わせたりして、労働条件の向上や改善に向けて打ち合わせをすることが仕事だ。「組合員との接触を禁止」されたら、仕事ができない。しかたなく、組合員との打ち合わせをするときは弁護士事務所に出向き、弁護士が裁判所にいちいち許可を得たうえでその事務所内で組合員と会う、ということになった。不条理劇のような光景である。

武谷は、関係資料が保管された関生支部の事務所内の専用デスクで労働協約や要求書、学習会の資料などを作ることも業務だ。加えて、専従職員として事務を取り仕切っていた。「事務所に立ち入り禁止」という保釈条件は、保釈する代わりに働くな、と言うに等しい。会社員に対し、会社に行ってはならないとするようなもので、これでは生計が立てられない。人の生計の道を断つような保釈条件が、果たして許されるのか、と武谷は疑問を投げかけた。

こうした保釈条件は、他の原告にも共通している。武と湯川は接触が禁止されているため、事務所に同じ時間にいることができず、日替わりという形で時間差をつけて、顔を合わさないようにする出勤方法が続いている。本来の保釈条件とは、証拠の保全のためや逃亡を防ぐためのものだ。それが組合活動を機能不全にするために流用された、と原告らは言う。

裁判官の責任は、このような「働けない保釈条件」についてだけでなく、武や湯川、西山の逮捕の局面でも問われた。

逮捕は、証拠の隠滅や逃亡を防ぐためとされている。ところが一連の事件では、ほかの組合員が先に逮捕され、証拠も収集され、逃亡の恐れもないと思われる局面なのに、警察官の請求にすんなりと応じて逮捕状が出され、再逮捕が繰り返されたからだ。先の京都地裁の例にもあるように、合理的な理由が示されないまま保釈請求が一向に認められなかったことも問われた。その結果、有罪かどうかも決まっていないはずの被疑者たちに、二年近くもの懲罰的な勾留を強いる結果となった、というのだ。

警察が労働組合法の解釈を説明

関生支部の上部団体、全日建の中央執行委員長の菊池進の陳述は、逮捕された組合員たちへの聞き取りから、密室室の取調室で「出過ぎた労組」つぶしを目指した発言が相次いでいたことを浮かび上がらせている。例えば滋賀県警の捜査員は、「君たちは社会に出すぎている。だから削った」と言った。「雇用関係のない企業や建設現場になぜ行くのか？　それは許されない」として、組合員は雇用関係のある企業としか交渉してはならないという独自解釈を説明された逮捕者もいた。4章では和歌山県警での「刑事免責とかいうが、労働組合法にはそんなこと書いてない」とする取調員の発言を紹介したが、これもその一つだ。

これらに対し菊池は陳述で、直接雇用関係のない企業とも交渉して産業全体の改善を図る産別労組の役割を説明し、こう反論している。「関生支部は大阪府労働委員会から労働組合法上の正当な労働組合として認定され労働組合資格証明書を得たうえで、法人として登記された労働組合です」。そして言う。「日本においては、労働組合として適法な組織であるかどうかを審査、判断する権限をもっているのは、労働委員会だけです」。

警察が労組と労組法の解釈を独自に決め、それに合わないとして行ったのが今回の逮捕だったということだ。

裁判では、憲法三四条にもとづいて、勾留されている被疑者・被告人、弁護人等からの請求があれば公開の法廷で、裁判官の勾留理由を明らかにする手続を取ることができる。この勾留理由開示公判で「正当な労組かどうかを判断して勾留決定を下したのか」と問いただした弁護士に対し、大阪地裁の裁判官は「『労働法は不勉強でして』と、きまり悪そうにいいわけしただけで答え」ることができず、大津地裁や京都地裁の裁判官は「『答える必要がない』と居丈高に開き直った」と、菊池は述べた。

事実とすれば、日本社会は法に則ったものではない労組理解に裁判所までが動かされていることになる。

また、武は、何年も前に解決して締結していた労働協約が恐喝行為にあたるなどとして自身も六四〇日以上も勾留されたことなどを挙げ、このような「捜査の手法は我々を反社会勢力として社会から孤立させようとするもので、暴対法の拡張適用、共謀罪の先取り的な手法」と述べている。

原告らの陳述は、さらに続く。

「逃走して指名手配」の構図をつくる?

湯川の陳述によると、湯川は滋賀県警に逮捕された二〇一八年八月、同県警から母の携帯電話に連絡があり、家宅捜索したいので湯川に家に戻るよう伝えてほしいと頼んだことを知ったという。湯川の家に捜索に入るのに、なぜ本人でなく母に連絡するのかと不審だったが、急いで自宅に戻ってみて、「湯川が逃走中」という形をつくりたかったのではないかと思った。警察が手錠をかけようとしたとき「逃げることもないし、近所の目もあるから手錠をかけないでほしい」と言うと、警察官が「指名手配が出ている」と言ったからだ。自宅前には、ヘイトグループや大阪広域協組のメンバーが並んでいたことも、警察が事前に情報を流してストーリーをつくろうとしたという推測を強めたという。

逮捕後の湯川の処遇については、4章の図表5のように、勾留の期限が切れると別の警察の逮捕、という連係プレーのような形で一年九か月勾留され続けることになる。

また、西山は、同じく4章で述べたように、繰り返される逮捕によって、証人として法廷に出ることを阻まれた形になっているが、意見陳述ではさらに、大阪地検の検事に次のように話しかけられたことを明らかにしている。

「労働組合のストライキで経営者側から『困っている』といわれ、だから排外主義者と経営者団体（経営者）と一緒になって労働組合の事務所に抗議行動を行った。正当な行為だ。それはそうよねっ」。

「労働組合の事務所に抗議行動」とは、3章で述べた二〇一八年のヘイトグループなどによる関生支部事務所乱入事件のことだ。西山は、この事件で「排外主義者と元暴力団員は『傷害罪、住居侵入、器物破損等』で二名逮捕」され、「二名とも犯行を認めている」にもかかわらず、検事がこうした行為を正当化し、労組の団体行動権を否定するのかと、「耳を疑った」と述べている。さらに、滋賀県警の事件で勾留中に支援労組に出した手紙が、ネット右翼のブログに載せられていたとも陳述、「警察ルートで渡ったとしか考えられません」と語った。

一連の陳述からは、経営側との「関係の近さ」を疑いたくなるような検察・警察・裁判所の言葉や行為に、強い不信を抱いた原告たちの状況が見えてくる。原告たちにとってなぜ、東京地裁での審理が必須条件だったがわかる。

家族への介入

訴状には、こうした状況のなかで他の多くの関生支部員たちに何が起きたのかについての証言も多数、記載されている。それらは、第一回口頭弁論での原告ら陳述が氷山の一角にすぎないことを浮かび上がらせる。

フジタ事件でコンプライアンス活動にかかわっていたある関生支部員の男性は二〇一九年二月、出勤のため自宅を出たところで待ち構えていた警察官に逮捕された。警察官たちは、そのまま自宅に入って男性の立ち合いで家宅捜索に入った。男性は離婚し、自宅で中学生の息子と暮らしていた。「しかるところ、警察官は捜査中、(男性に対し)息子の部屋を指して『施設に入れるんかどないすんのや。』と聞いてきた」と訴状にはある。さらに、「同組合員が逮捕されたことを息子の中学校に連絡するとも言いだしたため(男性は)息子は関係がないので学校への連絡だけは止めるよう懇請した」という。

逮捕後の取り調べでも担当刑事は「『関生を辞めてたら任意の事情聴取で済んだ。』と発言し、『関生を辞めるんだったらええ方法を考えたる』などと述べて、(同組合員に)、原告関生支部からの脱退を促してきた」とされている。加えて、「組合の弁護士は労組のために動いているだけで本人のためにならない」と発言して労組側の弁護人の解任を促したという。

子どもにも塁が及ぶかもしれないことをちらつかせた「労組脱退」の働きかけとも見えるが、訴状によると、介入は次のように、本人以外の家族にも向かっていた。

この組合員の逮捕後、残された息子は元の妻が預かっていた。同署の警察官はここにも電話し、労組を辞めるよう元夫を説得してほしいと求め、事件とは無関係の息子や組合員の母にも会わせるよう求め、労組側弁護士の解任も奨めている。

また、二〇一八年九月、ストライキ事件に絡んで逮捕された西島大輔の妻には、西山を取り調べ、「それはそうよねっ」と話しかけた検事が電話をかけ、そこでも、「労組を辞めさせないと釈放されない」という趣旨の話をしたという証言も出ている。

二〇二一年七月、西島夫妻に事実を確かめるため、大阪市内に出向いた。

九月一八日の午前五時ごろ、西島の自宅のインターホンが執拗に鳴らされた。まだ起き出す前の早朝で、そのまま寝ていようと思ったが、インターホンは止まない。起き出して玄関に出ると警察官がいた。妻は、不安そうな小学生の二人の子どもを、お父さんは悪いことをしていない、元気に「行ってきまーす」といって出かけなさい、と励まして送りだした。その後で西島は手錠がかけられ、連行された。

共働きで、互いの仕事には口を挟まないことがルールと思ってきた、と妻は言う。だから、夫が何をしているのかも詳しいことは知らなかった。ただ、正月でも労組の仕事のため出ていく夫を見てきて、四〇代になってもそんなに熱心に打ち込めることがある夫はすごい、と感じてきた。

だから、子どもたちにお父さんは恥ずかしいことはしていないと知ってほしかったという。

西島が逮捕された日、学校から戻ってきた子どもたちを、妻は「ゴリラの捕獲、見られなくて惜しいことしたな」と笑って迎えた。夫のがっちりした体格を「ゴリラ」になぞらえることで、子どもたちの気持ちを明るくさせようと考えたからだ。西島は、夜更かしをしない、など、子どもたちのしつけに気を遣う父だ。それを生かして「お父さんがいない期間をハッピータイムと考えて、夜更かしとか、それまでしたことがないことをして過ごそう」と呼びかけた。

四五日間の勾留の間、子どもたちは、楽しく過ごしているように見えた。ただ、西島は子どもたちの地域活動にもよく付き合い、近所の人たちともよく交流していた。このため「お父さん最近見ないね」と言われたらどうしよう、と子どもたちに聞かれた。「隠したくなければ逮捕されたと言ってもいいし、言いたくなければ言わなくてもいいよ」と話し、三人で相談して「お父さんは沖縄に出張中」と言うことにした。そうした適応力に、「子どもって、すごいな」と妻は思った。

だが、そんなある日学校から連絡が入った。「最近、授業中に泣いたりしているんですけど、何かありましたか」というのだった。胸を突かれたが、「私が最近厳しくしすぎていたかもしれませんね」と答えてやりすごした。

お父さんに会いたいと子どもたちが言うので、弁護士と相談し、勾留理由開示公判のときに子どもたちを連れて行ってもらうことにした。西島は、傍聴に来ると言う子どもたちに、どういえば状況をわかってもらえるだろうと考えながら出廷した、裁判官と向かい合い、ふと傍聴席を振り替えると、子どもたちが泣いていた。言葉に詰まった。公判後、弁護士が子どもたちに、事件の概要や西島が置かれた立場を説明した。納得したのか、帰宅した時には明るい顔になっていた。

そんな日々のなかで、職場で仕事中の妻の携帯電話に検事から急に電話がかかってきた。手が離せない状況のときの突然の電話だったが、「午前中に必ず話さないといけない」と言われたのでいったん切り、仕事の切れ目を見計らってかけ直した。

妻が「なぜ夫はつかまったんですか、悪いことしなくてもつかまることってあるんですね」と聞くと、検事は、「悪いことをしないで捕まることはない」「あなたは知らないかもしれないが、人の仕事の邪魔をすることは悪いことだ」「自分はただのストライキだと思っているかもしれないけれどもそのようなものではない」と答えた。

そして、「このような活動を続けていると釈放されないかもしれない」と言った。

西島の仕事内容などについても執拗に聞かれ「知らない」と答えると「同居しているのに知らないのか」と踏み込まれた。妻は覚悟を決めて、正面から言い返した。

「私は自分の仕事にプライドを持っています。だから自分の仕事をよく知らない人にあれこれ言われたくない。夫も同じでしょう。だから夫の仕事内容には介入しないし知らない。互いの仕事を尊敬しているからこそそうなる。検事さんもそうじゃないですか」

検事は「もういいです！」と言って電話を切った。

けんちゃーん、愛してるよ

ゼネスト事件で逮捕された青木健太郎の妻、青木邦子のもとにも、同じ検事から電話があった。青木も四〇代だ。夫と同じくミキサー車の運転手として約二〇年働いてきた。青木は二〇代のころ、三歳の子どもを抱えて離婚した。女性事務員の月収は一五万円程度で、二人分の生活費にはとうてい足りず、夜も飲食店などで働いた。少しでも収入を上げたいと転職したのが日々雇用のミキサー車の運転手だった。賃金は一日働いて、わずか八〇〇〇円だった。しばらくして一万円に上がったが、会社の都合次第で仕事を減らされることが多く、月八日しか仕事がない日もあった。これでは八万円にしかならない。またしてもダブルワークに逆戻りした。

だが、関生支部に加入して事態は一変した。労使交渉で生活できる稼働日数が確保されていたため、年収四〇〇万円から五〇〇万円程度は確保できるようになり、社会保険も保障された。安心して子どもを学校に通わせることができるようになった。その過程で出遭って再婚したのが夫の健太郎だった。

その健太郎が大阪港SSのゼネストで逮捕された。検事は、「関生支部にいたら、またつかまることになりますよ」と青木に言った。収入状況についてもいろいろ聞かれ、「賃金、高いですね」とも言われた。ミキサー車の運転手の賃金がそんなに高いはずがない、暴力団のような脅し稼業をしているのではないかと言わんばかりの口調に思えた。青木は「労組の先輩たちの運動でここまで上げてきたんだ。労働運動の力を知らないのか」と、心の中で言った。

勾留が続く夫を励まそうと、青木は関生支部の宣伝車に乗って夫が勾留されている警察署に、連日出向いた。マイクで「けんちゃーん、今日も来たよー、愛してるよー」と呼びかけていると、警察官が外に出てきて「奥さん、勘弁してくださいよ」と言った。「夫をすぐ返すと言ったくせに、嘘つき！ 返すまで毎日来るからね」と言い返した。

留置所内にいた夫にも、この呼びかけは聞こえていた。同じ房にいた殺人未遂犯が「肝の据わった母ちゃんだな」と言った。

しかし、これまでになかった夫の長い不在は、青木の酒量を増やした。そんなとき、担当の弁護士から、必要な物資の差し入れについての夫の依頼を伝える電話がかかってきた。「愛していると伝えてください」と言うと、弁護士から再度の電話があった。「俺も愛している」という夫からの返事を伝えるためだった。青木は号泣した。

逮捕前に病気になり、手術が予定されていたが、酒量の増加で肝機能の数値は極端に上がり、手術ができるかどうか危ぶまれる事態になった。手術には夫が付き添うことになっていたが手術日になっても釈放されず、なんとか一人で受けた。逮捕は家族の体調にまで深刻な影響を及ぼしていた。

こうした家族たちの体験を取材している間中、私は考え続けていた。容疑とは無関係な家族の日常に、なぜ、どんな論理でここまで踏むことができるのか。こうした検事や警察官たちにも家族はいるはずだ。国賠訴訟に期待したのは、「踏み込んだ側」の論理を聞けるのではないかと思ったからだ。訴状に対して、被告側は「答弁書」や準備書面で、ほぼすべてについて「否認ないし争う」とした。

例えば、西島の妻に検事が電話をかけたことについては、「通話したことは認める」が、訴状に「すごく悪いことを」をしているので労組脱退を働きかけるよう求めたとされている点は「否認する」とした。電話したのは、弁護側から接見禁止の一部解除の申し立てがあり、裁判官から意見を求められたので、その判断のために家族の状況を聞こうとしたもの、と説明された。電話の内容も、今回のストが雇用関係のある会社に対する通常のストとは異なり、雇用関係のない会社に対するもので、再度このような「妨害行為」を行えば、服役の可能性もあると伝えただけで、組合活動を辞めるよう求めるべきだとは言っていない、としている（二〇二〇年一〇月二一日付「国側の準備書面(1)」）。

ここでも、雇用関係のない企業への行動は憲法二八条に保障された「団体行動」ではないという独自の見解が繰り返されている。仮に答弁書の通り、直接には労組脱退要求を口にしていないとしても、労組法上は認められていない独自の労組観にもとづいて、接見禁止の解除の可否がかかっているときに、再度行えば服役の可能性もあると話すことは、脱退の説得要請と同じ効果を持つのではないか。

家族を利用して思想の転向を迫る手法は、戦前に「国体護持」のためとして労働・農民運動、無政府主義者・共産主義者・社会主義者などを取り締まった日本の秘密警察「特別高等警察（特高）」の手法として広く知られている。その手法が、戦後憲法の下で復活しようとしているのだろうか。

求刑と量刑への疑問

このような国賠訴訟での疑問以外にも、一連の事件をめぐる司法の対応で、疑問視されている点がある。求刑や量刑が、これまでとは水準が異なる重さとなっていることだ。

求刑とは検察官が法律の範囲内で刑罰の程度を決め、判決を求めること、量刑とは裁判所が、処断刑の範囲内で、個々の罪に対して言い渡すべき刑の種類や程度を決めることだ。たとえば武の裁判での検察側の求刑は、「懲役八年」だ。懲役とは刑務所に収監されて作業を強制される刑罰だが、刑法では殺人罪の場合、「死刑又は無期若しくは五年以上の懲役」と定められている。武の場合は大阪港SSなどでのゼネスト（検察の見立てでは出入する搬送トラックへの妨害行為）を指示・計画したとされて起訴された事件のほかに、フジタ事件など計三件を併合した裁判となったが、それが、殺人罪に匹敵する求刑となった。

裁判官の量刑についても、従来の判例と比べ、かなり重い。たとえば一九七六年、全港湾は産別年金制度の確立へ向けて四八時間の全国統一ストを打ち、大阪港では、これを封鎖するためピケを張る戦術を取った。ピケとはピケッティングともいい、ストのとき工場の入口でスクラムや座り込みをしてスト破りなどを防いだり、市民にボイコットを呼びかけたりする行動だ。その行動のなかで、威力業務妨害、道路交通法違反で五人が逮捕された。規模は、今回とは比較にならないほど大きいが、大阪地裁の判決は、罰金五万円だった。[*2]

一方、ほぼ説得活動に終始した大阪港SS事件の二〇二〇年一〇月八日の大阪地裁判決では、ストの「指示役」とされた西山らにそれぞれ懲役二年六月、執行猶予つきとはいえ最も重い五年と、格段に厳しい。こうした状況について、国賠訴訟の原告側代理人となった海渡雄一弁護士は、第一回口頭弁論の陳述で「本件の捜査に当たった検察官と裁判官には、生コン支部の行う企業の枠を超えた産業別労働組合に対する根本的な無理解があり、生コン支部の行ってきた組合活動全体を非合法な活動であるとみなす根本的な誤りに陥っていたように思われる」と述べている。

それは、「無理解」にとどまらず、より深刻な疑いも抱かせる。戦前の治安維持法第一条は、「国体もしくは政体を変革し又は私有財産制度を否認することを目的」として結社を組織したり、これに加入したりしものは一〇年以下の懲役か禁錮に処する、として重罰を規定している。5章でも触れた、長谷部恭男の「天皇主権と資本主義経済秩序」という「国体」の定義を思い起こすと、関西生コン事件での求刑・量刑は「資本主義経済秩序」を守ろうとする「脱戦後レジームの求刑・量刑体系」への一歩ではないかとも思えてきたからだ。

そんな疑いを抱き始めていた二〇二一年七月一三日、「懲役八年」を求刑されていた武委員長に、「懲役三年、執行猶予五年」の大阪地裁判決が出た。「雇用関係のない企業への行動は労働基本権に保障された『団体行動』ではない」という論理は今回も繰り返された。だが、業界内でしきりに流されていた「実刑間違いなし」の予測は覆された。併合して審理されていた滋賀県警による「タイヨー生コン事件」は無罪となった。武委員長が業者を恐喝したとする罪状について、証拠がないことが認められたからだ。これまで検察側の見立て通りに進んでいたかに見えた事件に、初めてほころびが生まれた瞬間だった。大阪広域協組の執行部の役員らが、不機嫌な表情で傍聴席を立つのが見えた。

丹念な弁護側の立証活動と、法廷前に詰めかけた被告側の支援者の波の中で、治安維持法への道に小さな小さな歯止めがかかった。

府労委ではほぼ全勝

すでに述べたように、全日建委員長の菊池は国家賠償請求訴訟の法廷で、「この国で適法な労組かどうかを決めるのは警察・検察ではなく、労働委員会のはず」と陳述した。労働委員会とは、労使紛争を解決するために労働争議の調整や不当労働行為の審査などを行う行政委員会で、敗戦後の新憲法で労働者の団結権が保障されたことに伴い、団結権侵害の救済機関として設置されたものだ。

この委員会は、各都道府県に置かれた都道府県労働委員会と、その命令・決定の再審査を持ち込む中央労働委員会（中労委）の二段構えになっている。関生支部は大阪府労働委員会（府労委）に、この間起きた一六件もの解雇、就労差別、労働者供給契約打ち切り、団交拒否事件について、不当労働行為として救済を申し立て、ここでは刑事事件とは対照的に、ほぼすべてで関生支部側の勝利となっている。本来の労働法理に基づいて判断していれば、今回の大量逮捕はなかったかもしれないと思わせる数字だ。

その意味を考えるため、以下、府労委での経緯を追ってみよう。

3章で述べたように、二〇一七年一二月ゼネストの際、大阪広域協組の役員が経営する中央大阪生コンによって運転手全員が関生支部員である輸送会社との専属輸送契約が打ち切られる。翌一月一二日、同広域協組は「連帯労組の威力業務妨害、組織的犯罪に全面的に立ち向かう」と決議し、さらに同月二三日、「連帯労組との接触・面談の禁止」を各社に通知、趣旨に反した場合は厳正な対処を行うとした。

生コン業界で働く運転手は、正社員にあたる「本勤」、日々雇用だが特定の企業で常勤的に働く「直行」、労組が雇用確保のために運営する「労働者供給事業」（労供）を通じて働く日々雇用運転手の三種類があるが、まず、このうち「労供」について、「接触・面談の禁止」通知の四日後の一月下旬から労働者供給契約の打ち切りが始まる。さらに、二月には関生支部員が多数在籍する運送会社を狙い撃ちにする形で「連帯労働組合系の輸送業者の使用は極力控える」ことを求める通知が各社に出される。

これまでも述べたように、協組執行部の通知に従わないと、協組から仕事の割り当てがこなくなり、会社は営業できなくなる。これをおそれた各社は、雪崩を打って組合員がいる運送会社との取引を打ち切り、「労供」による日々雇用運転手の失職、「本勤」の解雇、「直行」の雇い止めに向かう。関生支部にとどまれば仕事が回されないという事態に、組合員は脱退を余儀なくされる。大阪広域協組からの圧力で、この動きは兵庫、奈良、京都、和歌山、滋賀など近畿圏の他の協組にも広がり、関生支部にとどまる運転手については「仕事をさせるな」と同広域協組から執拗な介入が入った例も聞かれた。

大量逮捕前は一〇〇〇人を超していた組合員は、その七割が脱退に追い込まれた。関生支部は労組をつぶすための不当労働行為だとして二〇一八年五月ごろから続々と事件を府労委に持ち込んだ。事件数は、全体で一六件。二〇二一年八月までに出された命令・決定一二件のうち、一〇件が、労働側の勝利となった。

ここでは、会社側が謝罪し、同じ行為を繰り返さないことを誓う「ポストノーティス」の張り出しなどが命じられ、また「本勤」や「直行」のような直接雇用については、原職復帰が命じられた。労組法の考え方を素直に適用すれば、不当労働行為として成り立つ行為が、「反社会集団」「暴力的集団」という見立てのすり替えだけで、いかに大量に行われていたかがわかる。

ただ、「労供」の事件については、ポストノーティスの張り出しだけにとどまり、労供契約による就労再開は命じられていない。一連の労働委員会の事件の多くを担当してきた久堀文弁護士によると、「労供」はいくつもの会社と取引があるとされ、不当労働行為があった一社から契約が打ち切られても他の取引がある会社へ派遣する道があるはずだとの推定にもとづいて、日々雇用運転手たちの就労再開命令までは必要はないと判断されたからだという。

だが、これは実態に合わないと久堀弁護士は指摘する。今回は大阪広域協組からの通知によって協組加盟の各社が一斉に契約を解除したため、争われた個別事件だけでなくすべての会社から契約打ち切りをこうむった。「その結果、関生支部は縮小を余儀なくさせられた。労組法の目的が労組つぶしを防ぐことにあるとすれば、労供をめぐる府労委の救済方法は実効性を欠いている」と言うのだ。

労働側はこの部分の是正を求めて、また、使用者側は、ほぼ全敗だった府労委命令の逆転を目指して、舞台は再審査の場である中労委へ移行した。

賃上げは「不当な要求による損害」？

二〇二〇年七月、中労委で、藤原生コン運送事件の第一回調査が開かれた。労働側を驚かせたのは、経営側の代理人弁護士の変化だった。府労委での代理人を務めた弁護士が辞任し、大阪広域協組顧問の弁護士グループに交代していたからだ。その中心的な存在である弁護士は、「連帯労組との接触・面談の禁止」の通知に協組側顧問弁護団の筆頭に名を連ね、一九九八年に起き、被告が冤罪を主張して第二次の再審請求が受理された「和歌山カレー事件」の主任検事も務めている。*3

代理人の交代に伴って、中労委に提出された準備書面での経営側の論理も様変わりしていた。府労委段階では「労組と経営者の労使交渉」という労働問題の構図だったが、それが消え、「反社会的集団VSこれに脅される経営者」というストーリーに転換していたからだ。

二〇二〇年五月二五日付の経営側の「準備書面(1)」は、その極めてわかりやすい例だ。ここではのっけから「再審被申立人の特性（違法行為を繰り返してきた集団であること）について」と始まり、「かねてより多くの生コン製造会社やその輸送会社等を標的にし、組織的に、違法な業務妨害行為や街宣活動等を繰り返し、そのような『圧力』を背景にした恐喝行為等により巨額な経済的な利徳を得てきた反社会的色彩の強い集団である」*4と続く。

関西生コン事件の皮切りとなったヘイトグループの街頭宣伝でのストーリーが、法廷だけでなく、労働委員会にまで持ち込まれたことになる。

これらには、労働基本権の用語が至るところで刑事事件の用語に置き変えられている。たとえば、同年九月九日付「準備書面(2)」では、関生支部からの運転手を排除した理由について、不当労働行為にあたる「組合員の忌避」ではなく、関生支部によって、会社側には「何のメリットもない不合理な内容の協定書」を「業務妨害に及ぶ旨告知を受け」、これを避けるために「締結を余儀なくさせられた」ことが理由とされている。

ここでの「メリットもない協約」とは、「他の労働組合よりも日給が約五〇〇〇円も高額」な関生支部の組合員を「一〇名も優先的に雇用する義務を課す」ことなどを指す。

こうした行為は、それまで労供を依頼していた他の労組への依頼人数を減らすことで、そちらの労組から「不当労働行為の誹りを受けかねない」ともされている。労組が運営する労働者供給事業同士の競争をあおることで、経営側の雇用確保の責任から目をそらさせる論法ともいえる。

さらに、これらは「合理的な経営判断が可能な状況であれば」「締結するはずがない内容であるところ、このような内容の協定書を締結させられたこと自体、（会社側が関生支部から）締結を強要されたことの証左である」とされている。つまり、会社にとって利益のない労働協約を結ぶなど常識ではありえないことなので、労働側に有利な取り決めは不当な脅迫で結んだ協約に違いなく、そのような不当な脅迫による約束は労働法の法的保護に値しない、という主張だ。

だが、「業務妨害に及ぶ旨告知」により「余儀なくさせられた」と表現されている行為は、従来の労働基本権の文脈では「ストという労働基本権の行使の通告によって、会社が渋っていた労働条件の改善を飲ませた」ということだ。「他の労働組合よりも日給が五〇〇〇円も高額」な関生支部員の雇用の受諾とされているものは、「労使交渉で他の労働組合よりも五〇〇〇円高い日給を勝ち取った」ということで、賃上げ要求の実現である。

このような、労働基本権を無視した言い換えがまかり通れば、「労働運動による集団圧力で立場の強い経営側から労働者に有利な条件を引き出す」という労組の役割は空洞化させられてしまう。

あまりにも基本的なことだが、労使交渉による賃上げが必要なのは、経営側が賃金を上げたくないと思うのが、是非は別として、経営側としてごく普通の発想だからだ。営利企業の使命は利益を社会の許容範囲まで極大化し、株主に配当することであり、その意味で、企業にとって人件費を抑えることは、もっとも安易ではあるが、極めて便利な使命の達成法となる。

ただ、それをそのまま許していたら、労働者の生存権は保障されず、会社は栄えても人が生きられないという本末転倒が生まれ、結局は会社も生産の要である労働力を失って崩壊する、という皮肉な事態を生む。そのため、弱い立場の労働者がまとまることで交渉を可能にする権利を規定した労組法が生まれ、こうした交渉を通じてようやく労働分配率は上昇する。日本の高度成長をはじめ、新自由主義が隆盛を誇る一九八〇年代ごろまでの世界経済の活性化は、こうした圧力によって支えられ、それによって多数の人々の賃金が上がったことで消費も活性化し、企業も支えられた。

ちなみに、最低賃金はこうした歯止めを国によって行おうとする政策であり、働きがいのある人間らしい仕事の実現を含む国連の「持続可能な開発目標」（ＳＧＤｓ）[*5]は、国際社会と市民運動による企業への歯止めの試みだ。

そうした歴史的事実を無視し、「会社の損になるような条件を飲んだのは脅迫の証拠」などといった単純な論法の横行を許せば、「賃下げ社会日本」と「賃金デフレ」は、永久に定着してしまいかねない。

国際基準から問われる関西生コン事件

関生支部は、会社と労働者、正規と非正規には仕事の内容に関わりなく差があって当たり前、という根強い身分・秩序意識の歪みを、正規も非正規も企業を越えて組織した労組の力で押し返してきた。関西生コン事件は、そうした動きが、イメージ操作によって押し戻されていった事件だった。そのような日本の磁場から自由な国際基準で見ると、関西生コン事件はどう評価されるのだろうか。

二〇二〇年二月一五日、国際人権法研究者の申惠丰《シンヘボン》・青山学院大教授は、東京と大阪の二か所で開かれた「関西生コンを支援する会」主催の「検証シンポジウム『関西生コン事件』を考える」で、次のように語った。

「わたくしからは二点お話ししたいと思います。一つ目は、労働組合の正当な活動に対する弾圧です。これは労働基本権そのものの侵害という視点です。二つ目が、認められた人権、この場合労働基本権を行使したことを理由として、身柄を拘束されているという、恣意的拘禁という視点です[*6]」

申によると、ＩＬＯ条約で、①結社の自由・団体交渉権、②児童労働の禁止、③強制労働の禁止、④差別の撤廃の四つの分野は「中核的な労働基準」と位置付けられ、この中核的分野をめぐる八つの条約は「基本八条約」と呼ばれている。①の結社の自由関係では、八七号条約と九八号条約がある。

八七号条約は、労働者も使用者も自ら団体を作って加入する権利がありそれらは行政によって不当に解散させられないことなどが規定されている。九八号条約は、労働者は反組合的な差別待遇から十分な保護を受ける権利が規定されている。たとえば、雇う際に「労働組合に入るな」「労働組合から脱退しろ」といったことを条件とすることなどを禁じる規定だ。

日本政府は両方の条約を批准している。大阪広域協組や検察側による労働用語の言い変えは、これらの条約に違背しないことを示すために必要だったとも言える。

これらの条約の実施度をフォローアップするために、批准国は定期的に、ＩＬＯに報告し、専門家からなる「条約勧告適用専門委員会」が審査し、総会に上げる。この委員会は審査に際して「所見」を述べるが、これまでの八七号の実施状況についての「所見」では、たとえばキューバについて、正当な組合活動を行ったことに対する組合員の逮捕や拘禁は組合の自由の原則への侵害、としたものがある。またインドネシアについては、特に重大な暴力行為や犯罪行為がない限り、警察を呼んで取り締まることはやってはいけない、と述べている。

「結社の自由」は特に重要な基本原則であるため、所属国が二つの条約を批准していなくても、ＩＬＯに加入していれば適用され、「結社の自由委員会」に申し立てることができる。この委員会が述べてきた法理は、分厚い「決定集」にまとめられているが、組合活動を行ったことについて労組のリーダーや組合員の拘禁・逮捕は、この原則に反するとされ、また身体拘束を受けた者は、速やかに裁判を受ける権利があるともされている。

こうした仕組みを説明した後、申は次のように述べた。

「関西生コン事件の場合、委員長と副委員長が五三〇日間（シンポ開催時――引用者）も勾留されているという異常な状態があるわけですが、まるで有罪判決をすでに受けているかのような扱いではないかと私は考えます。未決の状態でありながら非常に長い期間勾留することを裁判所が認めてしまっている。異常な事態であると考えます。」

さらに、「国によっては、この関生支部のケースのように、組合活動に関するものでありながら刑法を適用して、逮捕、起訴しているケースがあります」と続けた。「委員会は、そういうケースでは、本当に刑法上の犯罪に関することなのか、それとも組合権の行使に関することなのか、当事国の政府が一方的に決めたことを委員会が受け入れることにはならないと言っています。関連の事件をきちんと見て、判決が出ていればその判決文を委員会がみて、読んで初めて判断しますということを言っています。ですから、政府の側が刑事罰の対象であると言っても、それだけで済まされるものではないということです。」

また、これもまさに関西生コン事件にあてはまること、として、労働組合とのかかわりを理由として移動の制限や自宅監禁などを課すというのは結社の自由原則に反すると指摘した。

こうした「所見」などに法的拘束力があるわけではない。だが、条約を国が批准し、審査を受け入れるとしている限り誠実に受け止めなければならないものだ、というのである。

また、二つ目の「恣意的拘禁」については、一九六六年に国連で採択された「市民的及び政治的権利に関する国際規約」による規定がある、と申は続ける。ここには自由権規約と社会権規約があるが、その自由権規約の九条に「何人も恣意的に逮捕・抑留されない」という規定がある。また、国連の人権理事会には専門家による「恣意的拘禁作業部会」があり、正当な権利を行使しただけなのに身体を拘束されたり、何らかの差別によって身体を拘束されたりしたケースについて、世界中から個人がここに通報することができる。

「正当な権利」としては、「結社の自由」についての権利も含まれており、関西生コン事件はこれにも当たる、と申は言う。

武委員長ら組合員六人は二〇一九年七月八日付で、この作業部会に「六名の長期勾留は、組合弾圧を目的とした恣意的拘禁」との申立書を送ったが、回答前の二〇二〇年五月二九日、武委員長が六四一日間の拘禁を経て、三日後の六月一日に湯川副委員長が六四四日間の拘禁の後、保釈されている。

日本では、難民申請者や在留資格がない外国人の長期収容、沖縄の辺野古などで平和運動のリーダーをしていた山城博治が逮捕後に長期の身体拘束を受けた件で、弁護士から通報がなされている。また、二〇二〇年一一月、「恣意的拘禁作業部会」は日産自動車のカルロス・ゴーン元会長の日本での刑事手続きについて、「恣意的な拘禁にあたる」とする意見書も公表している。

申の説明のなかで特に印象に残ったのは、「ストライキは業務を止めて、いわば相手に迷惑をかけるということで成り立つ行為」と言う言葉だった。「迷惑をかける」ことで成り立つ行為について人々が「迷惑」と切り捨てたら、ストをする意味がなくなってしまう、というのである。実際、フランスなどではストライキは頻発しているが、国民はそれを受け入れている。日本人は、幼いころから「迷惑をかけない」ことばかり教え込まれ続け、何が自分の権利なのかを意識できなくなっている。権利を守らせる行動を起こさないと、悪い前例ができて、権利は消滅してしまう。だからフランスの人々は残業を禁止する規定があるなら自身も残業を断るなど権利を行使することは義務だと考える、というのだ。

その意味で、関西生コン事件は、「労働基本権への義務の観念」を呼びさましたといえるかもしれない。それは、労働法研究者たちの危機感に火をつけて「声明」を誘発し、メディアに関わる者たちの責任を問い、国賠訴訟を通じて「本気の労組」への国の対応を白日の下にさらし、さらにゴーン元会長などへの「恣意的拘禁」に対する国際的な注目にも押されて、忘れられかけていた産別労組についての理解の扉を押し開けつつあるのではないのか。「賃下げ国家日本」の真ん中で、私は、さびついたその扉が、きしみながら開きかける音を聞いたような気がした。

＊1　第一回口頭弁論調書（令和二年八月二一日一〇時三〇分）。
＊2　全国港湾労働組合協議会・大阪港湾労働組合協議会「南港・桜島刑事弾圧公判闘争の記録　港のとまった日」。
＊3　http://www.rokusaisha.com/wp/?p=8347
＊4　令和二年（不再）第一一号藤原生コン不当労働行為事件、再審査申立人準備書面（1）。
＊5　「SDGsの17の目標と169のターゲット一覧」Gooddoマガジン（二〇一九年九月一〇日、二〇二一年四月二九日更新）。https://gooddo.jp/magazine/sdgs_2030/3464/
＊6　シンポジウム「関西生コン事件を考える」『労働法律旬報一九六三（二〇二〇年七月上旬号）』、旬報社。

エピローグ

「それって、日本の話なの？」

関西生コン事件の取材は、そんな疑問から始まった。そしていま、

「日本って、こんな国になっていたんだ」

という思いの中で、私はいったん取材を終えようとしている。

一九四五年の敗戦で、日本の憲法には労働基本権の保障が書き込まれた。働く人たちはこの労働基本権をもとに経営側と対等に交渉し、経営側は雇用を守りつつ得た利益を社会に還元し、警察は市民を守り、検察は巨悪に立ち向かい、裁判は客観的な証拠と法にもとづいて公正に罪を裁く。さらに、遅れていると言われてきた男女平等についても、ようやく「女性活躍」が政策として掲げられるに至った――。人々が「戦後日本」に抱く、このような漠然としたイメージを、関西生コン事件はみごとに覆した。

取材で目にしたものは、待遇の改善を求めて労働基本権を行使した組合員たちに対する警察の大量逮捕、検察の大量起訴、これらに歯止めをほとんどかけない裁判所の姿だった。背景では、労働運動を「暴力集団」の名の下に抑え込める枠組みづくりがいつのまにか進み、国会質問では

労組に対する破防法の適用が求められた。言論の自由に貢献するはずのSNSの世界でヘイトグループなどによる反労組情報が席捲し、こうした集中豪雨のような動きのなかで、労組を通じてようやく獲得した女性運転手たちの活躍の基盤だった「シングルマザーも経済的に自立できる労働条件」は、つぶされつつある。

マスメディアの大半が沈黙してきたため、事件について知る人は少なかった。多少聞きかじっていた人たちのなかからも「東京ではありえない」「普通の労組ならそういう目には合わないから自分たちには関係ない」といった声を聞いた。

だが、これは一部の地域の例外的な出来事なのか。このような事態が何の抵抗もなく容認されるなら、社会運動や労働運動を容易に封じられるシステムが定着してしまうのではないか。一連の光景は、「戦後民主主義」なるものの焼け跡のように見えた。

そんな私の話に、知人が、ぽつりと言った。「一部の例外と本気で思っているわけではないでしょう。何もしない理由がほしいのでは」

振り返ってみれば、私も同じだった。

打ち続く災害やコロナ禍の一方で、これに対処すべき政府は、国会で首相が一一八回の「虚偽答弁」を行い、医療崩壊状態のなかでも新型コロナの拡大不安の声を押し切って五輪が強行される。こうした事態に私たちの感覚はマヒさせられてきた。ジャーナリストのナオミ・クラインは「天災、戦争、パニックによる混乱のどさくさに便乗して新自由主義経済システムを導入する手法」をショックドクトリン（惨事便乗型資本主義）と呼んだが、まさにそれだ。そんななかで私も、「これ以上面倒は増やしたくない」と思い、「自分が取材しなくてもいい理由」を懸命にさがそうとした。

そんな「ヘタレ」が動く気になったのは、働き手が政策や企業に影響力を及ぼすための「装置」としての労組の衰弱が社会の持続可能性を失わせたことを、取材を通じて痛感してきたからだ。

生計の道を企業に握られている働き手が声を上げるのは、本当に難しい。労組は、そんな働き手がまとまることで企業と対等に交渉する権利を法で保障された唯一の団体であり、NPOでそこは代替できない。その権利をフルに生かして経営と渡り合ってきた労組を好き勝手につぶしていいとなれば、社会の持続可能性は絶望的になる。

その一例が、二〇〇〇年から始まった介護保険制度だろう。この制度は発足時、「利用者の利便」という観点からはさまざまに論じられた。だが、介護労働者が経済的に自立できる制度かどうかについて担い手の側からの発信はほとんどなく、そこを素通りして制度は始まった。その後、生活がたてられずにやめていく担い手は相次いだ。業界は人手不足に悩み、いま、新型コロナの拡大下の介護崩壊が、私たちを襲っている。

ちなみに、小島ブンゴード孝子らによると、デンマークでは、介護労働者は正規の安定雇用として制度設計されたため、産業構造の転換の中でケア産業の比重が高まるにつれ労組に加入する女性が増え、いまや労組加入者の五一％が女性だ。その結果、介護労働者の声も政策に反映されやすい。

二〇一八年に成立した「働き方改革関連法」では、企業ごとの労使協定で過労死時間の認定基準すれすれの残業時間が容認されることが法律に書き込まれた。従来の青天井残業に歯止めがかかったという評価もあるが、これによって、会社の壁を越えた基本的な基準とされていた「週四〇時間、一日八時間労働」の規定が相対化され、会社別ルールの合法化につながっていく恐れも一部に指摘されている。「同一労働同一賃金」も、各企業の人事管理のあり方を優先し、転勤の有無などが考慮されることが法律に書き込まれた。企業の壁を越えて同じ労働に同じ賃金を求められる仕組みとはならず、ここでも社会全体を貫く公正の原理から、会社の都合に合わせたルールへという会社優位の方向性が見えてくる。

いずれも、企業の壁を越えて社会横断型のルールをつくることで、どんな会社で働く働き手でも人間らしく生きていける権利を守るという労組本来の役割が衰退した結果だ。

また、女性活躍政策では「男女平等意識を高める啓発」や、よりよい仕事に就くための「スキルの向上」が推奨されている。それらが重要な政策であることは間違いない。だが、ここでも働くルールへの視点の欠落が影を落とす。意識改革やスキルの向上は、女性たちが働きに出ることには役に立つ。だが、そこに働き手のための規制がなければ、供給だけが増えて需要を上回り、むしろ値崩れ（賃下げ）の原因になる恐れさえある。つまり、それだけでは企業のための制度に終わってしまうことになる。

たとえば、「働き方改革」で容認されたような、「月一〇〇時間未満」といった過労死すれすれの残業を認める仕組みを放置すれば、女性が「働くべきだ」と意識改革しても、長時間労働の壁にぶつかってしまう。資格をとっても、スキルをつけても、賃金差別が続く限りまともな評価を受けられない女性は多数生み出される。

そんななかで、「私がだらしなかったから働き続けられなかった」「せっかくの資格を生かせなかった」と自分を責め、「頑張れなかった自分」に自信を失って苦しむ女性たちに、私は取材を通じて嫌というほど出会ってきた。労組による働き手のための規制が弱いために、活躍政策がかえって抑圧的に働く一例だ。

本書で紹介したように、関生支部の女性運転手たちは、「啓発」以前に働かざるを得ない状況に追い込まれ、大型免許をとっても労働単価の切り下げや就労日数減らしに遭って貧困化させられてきた。関生支部が人一倍ジェンダーに敏感な労組とは思えない。だが、どの会社の社員か、正規か非正規かを越えて労働条件を保障させるという大枠によって、彼女たちは、業界全体を規制するルールを獲得し、初めてワーキングプアから脱出できた。週休二日や定時で帰れる権利も、これらの交渉で獲得してきたものだった。

「装置」が弱められた枠組みのなかでは、賃上げ圧力も容易に働かない。そもそも、賃金は労働者からの何らかの圧力がなければ上がらないものだという基本的事実さえ、この社会では忘れられつつある。首相が経済界に賃上げを依頼することの奇妙さがわからない人が結構いたのは、そんな懸念を裏書きする。こうしたなかで、日本の賃金は一九九七年以降下がり続け、1章でもふれたように、先進国で唯一賃金が下がり続ける国になった。

これについては、主要産業が衰退し、まともな賃金を払えない業界が増えていることを挙げ、産業構造の転換を解決策とする主張もある。私もこの意見に賛成だ。だが同時に指摘したいのは、ここでも、働き手の声を反映させる「装置」なしでは企業利益が膨らむ構造転換が優先され、働き手に利益が還元される転換は難しいということだ。日本の介護保険が働き手の経済的自立を計算に入れず、むしろワーキングプアを量産する結果に終わったのは、その好例だ。

バブル以降の経済の失敗は「第二の敗戦」として語られることが多い。だが、私たちの本当の敗戦とは、こうして働き手が社会に影響力を行使できる「装置」が封じられ続けたことで、生産の主体のはずの人々の「元気の源」が枯渇したことではないのか。求める正義の実現が阻まれた人々は、極端に弱くなるものだからだ。

そんな日本の現状は、図表11（浅見和彦・専修大教授作成）をみると一段とわかりやすい。

この図表は、その国の働き手が労組に参加している度合いを示す「労組組織率」と「労働協約適用率」を組み合わせた国際比較だ。労働協約は、労働組合法にもとづいて労組と使用者の間で結ばれた労働条件などに関する取り決めで、この取り決めがその社会の働き手の何割に適用されるかを示すのが「協約適用率」だ。この二つの組み合わせによって、国々は三つのグループに分

図表 11◉労働組合組織率と労働協約適用率（2018 年）――３つのパターン

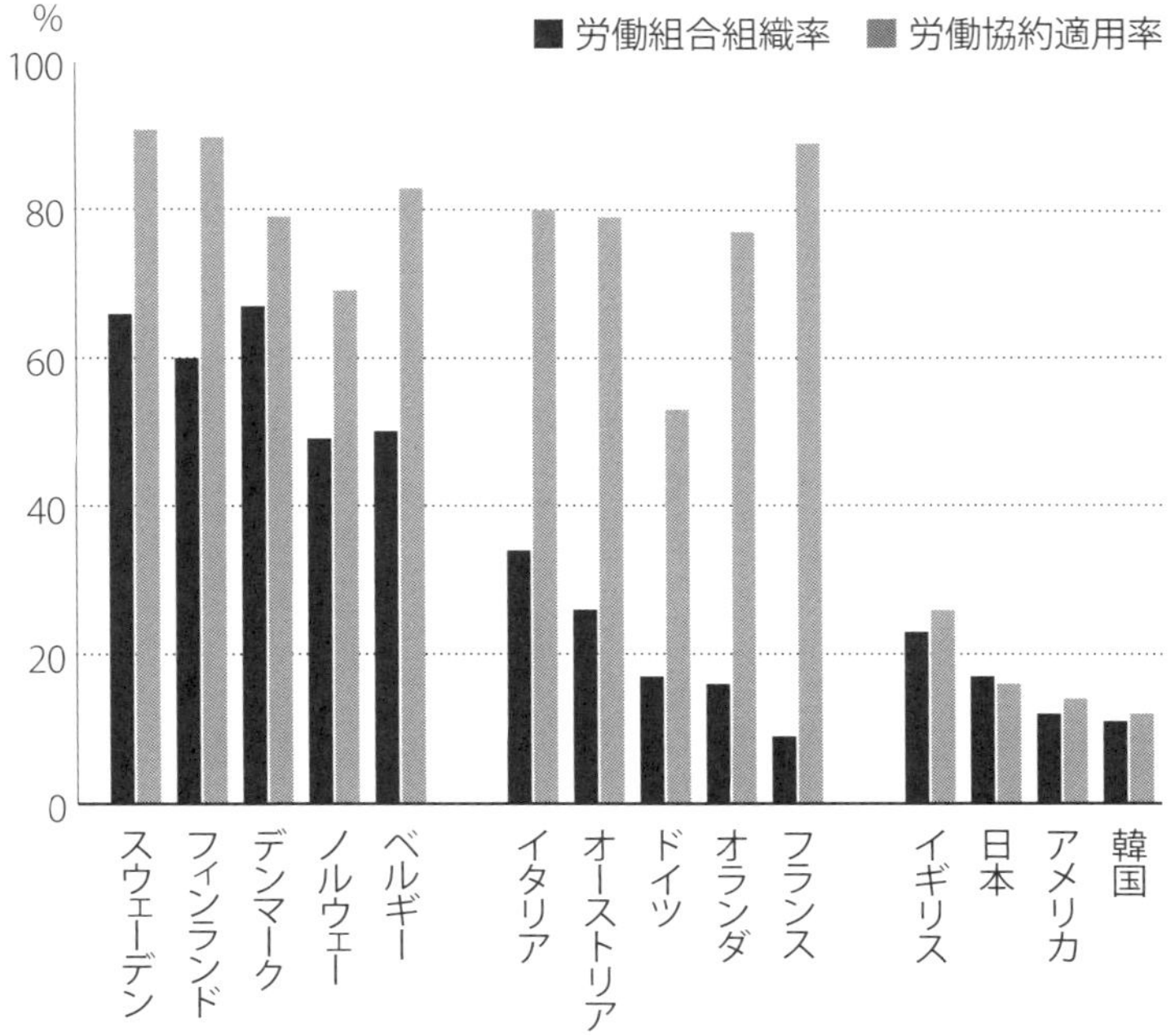

［出所］J.visser, ICTWSS Database 2019 の 2018 年時点のデータを中心に作成
（ただし、欠けている場合は他の年、他の統計でも補完）。少数第一位を四捨五入。

出典：浅見和彦『労使関係とはなにか』（旬報社、2021 年）を一部改変。

かれる。

一つ目は、労組の組織率が高く、労働協約の適用率も高い北欧などだ。労組のメンバーになる働き手が多く、企業横断型の産別労組を通じて協約も多数の働き手に適用されるため、労組の影響力が高く、働く人たちの要求が政策や企業経営に反映されやすい。二つ目は、フランスやドイツなど大陸欧州の国々で、労組組織率は必ずしも高くないが協約適用率が高いため、労組の影響力はそれなりに保たれる。三つ目は労組組織率も協約適用率も低く、労働者の社会への影響力が弱い。市場や企業の影響力が人々を大きく左右する社会だ。日本は英米や韓国とともに三つ目に属している。

三つ目のグループでは、労組の成果が一部の労働者に限定されがちで、「労組エゴ」といった言葉が出回りやすい。「うちだけ労働条件を上げたら競争に負けて君たちの働く場もなくなる」と会社に脅されたり、「賃金を上げるためには他社との競争に勝つしかない」と労組ぐるみで社員に労働強化を強いられたりする状況も生まれやすい。会社間の競争に勝つことが労働条件の向上に必要とされるため、子育てなど社会的に有用な役割を担い、会社の言うままには働きにくい女性労働者が「お荷物」扱いされる可能性も高まる。

一方、一つ目のグループのように、社会全般に働きやすいルールが及びやすく、このルールの上に立って企業間が適正な競争を行う社会では、こうした可能性は低くなる。先に挙げたデンマークはこのグループに属する。

ただ、日本と同じグループに属する韓国や米国では、市民運動が労組のこうした弱さを補い、労組の後背地、いや、むしろ、けん引役とさえ言える存在になってきた。それは、労組に代表される働き手のための「装置」が弱いと、社会全体が機能劣化するという事実に、社会が向き合ってきたからだ。

たとえば、遠藤公嗣らによると、米国では、労働問題に取り組むNPOが輩出し、労組と連携しつつ、連邦最低賃金を上回る州単位の「生活賃金」を目指した働きかけや、各州の最低賃金を一五ドル以上に引き上げる運動、さらには、雇用の外に置かれたフリーランスの組織化などが幅広く進められてきた。

韓国でも「参与連帯」という強力な市民団体が、大手労組や、青年ユニオン、女性ユニオンなどと連携して最低賃金の引き上げなどに大きな役割を果たし、英国ではNPOによる失業者に対する職業訓練や、当事者による職場の更年期差別をなくすキャンペーンで法案化を迫るといった、市民活動による労働者の圧力行使も活発だ。

一〇年ほど前、長く英BBCの東京支局長を務めたウィリアム・ホーズレーにロンドンで会った。そのとき「日本も小泉政権以降、小さな政府路線が敷かれてサッチャリズムと同じようになってしまい……」とうっかり言うと、きっぱりと返された。「それは違います。英国には社会保障政策を推進した労働党政権の時代がある。サッチャリズムはそうした基層の上に乗っている。日本はそうではない」。働き手のための装置の重要性を意識し、それが弱まれば市民運動で引っ張る。そんな英国の人々の苦心をうかがわせる言葉だ。一方、三つ目のグループの一角を占める日本で、関生支部は、不安定な日々雇用者が会社に関わらず加入できる産別労組方式によって組織率と協約適用率の引き上げを目指した。だが、働き手のための「装置」が弱いと社会全体が機能劣化するという事実にいまだ向き合えていないこの社会で、それは「普通の労組ではない」として、潰されようとしている。

だが、関西生コン事件の取材では、こうした「装置」の強化と「基層」づくりへ向けた小さな芽も見えてきた。

人々の沈黙の一方で、「関西生コンを支援する会」など市民団体が東海、静岡、神奈川、兵庫などで相次いで生まれ、大津地裁前では、「9条ネット・滋賀」や「若狭原発を考える会」のメンバーや労組が連携し、抗議集会が定期的に続けられた。研究者らの声明ともあいまって、産別労組の再評価は逆に広がりつつある。「市民による後背地」の成果だ。

もうひとつは、関生的な労組へのニーズの根強さだ。

二〇二一年八月、私は静岡県の生コン会社「富士宇部」に出かけた。関西生コン事件の大量逮捕の最中の二〇二一年、関生支部の上部団体である連帯ユニオンの静岡支部に三人の女性アルバイト運転手が加入したと聞き、会いたいと思ったからだ。

うち二人はシングルマザー、一人は夫からの経済的自立を目指し、いずれも、「保育園に通わせやすく、自力で生活できる賃金が保障される業界」に引き寄せられた四〇代だった。時給は一五〇〇円。三人は契約を反復更新して五年から八年働いてきたが、建設需要が減るなか、就労日数を減らされ、月二三〜二五万円あった手取りが一一万円に落ち込む月も出るようになった。同僚のアルバイト雇用の男性運転手には、会社の車の修理や整備まで、何でもこまめに引き受ける有能な人がいた。だが、便利に使われるだけで、その仕事は賃金に反映されず、生活できないと辞めていった。

これではやっていけないと、三人は労組に加入した。

交渉を通じ、正規と同等の通勤手当がつき、一時金も五万円出るようになった。とはいえ、実質長期に働いているのに「アルバイト」はおかしい。生活の安定には正社員しかないと二〇二一年三月、正社員化交渉を開始した。このとき、勤続八年のシングルマザーが泣きながら社長に訴えた。「この仕事が好きなのに生活できず、転職せざるを得ない。正社員にしてほしい」。

会社側は、こう答えた。

「パート主婦と年金のある高齢者で十分な仕事に、正社員なんていらない」

非正社員の熟練に依存しながら、「非正社員の仕事はだれでもできる仕事」と軽視することで賃金を値切る。そんな会社に失望し、ひとりはあきらめて労組を辞めた。泣いて訴えた女性は、もう待てないと六月に転職した。その一か月後の七月、回答が出た。組合員に三七万四〇〇〇円、組合員以外の非正規にも二〇万円の一時金が支給されるようになり、勤続五年を超えたら正社員化すると就業規則を改定するとの回答だった。正規か非正規か、どの会社で働いているかの壁を越えて交渉する産別労組が、ワーキングプアの労働条件を引き上げた。その意味でこれは、正規と女性が増え続ける労働市場に即した「近未来的な労組」だった。

この回答後、労組を辞めた女性の一人が、二〇万円のお礼に労組事務所にきた。「就業規則ができたら、辞めていったシングルマザーを呼び戻して正社員に」と、残った一人は夢を膨らませる。

「労組のおかげで私も子どもの教育費が出せます」と言った彼女の笑顔が、私には、焼け跡に芽吹いた小さな芽のように思えた。その五カ月後の二〇二二年一月、彼女は正社員となった。交渉の成果だった。

参考文献

浅見和彦『労使関係とは何か――イギリスにおける諸潮流と論争』旬報社、二〇二一年。

飯田哲也・金子勝『メガリスク時代の「日本再生」戦略――分散革命という希望』筑摩選書、二〇二二年。

鵜飼良昭・徳住堅治・井上幸夫・鴨田哲郎編著『労働者の権利――軌跡と展望』旬報社、二〇一五年。

遠藤公嗣・筒井美紀・山崎章『仕事と暮らしを取りもどす――社会正義のアメリカ』岩波書店、二〇一二年。

要宏輝「田中機械の自主管理闘争」財団法人大阪社会運動協会編『大阪社会労働運動史　第6巻』有斐閣、一九九六年、所収。

要宏輝・平井陽一「企業合理化と雇用確保」同右。

木下武男『労働組合とは何か』岩波新書、二〇二一年。

澤渡夏代・小島ブンゴード孝子『デンマークの女性が輝いているわけ　幸福先進国の社会づくり』大月書店、二〇二〇年。

酒井隆史『暴力の哲学』河出文庫、二〇一六年。

角南圭祐『ヘイトスピーチと対抗報道』集英社新書、二〇二一年。

竹信三恵子『企業ファースト化する日本――虚妄の「働き方改革」を問う』岩波書店、二〇一九年。

全日本建設運輸連帯労働組合編『連帯10年　1984~1993年』一九九四年。

全日本建設運輸連帯労働組合編『連帯20年　1984~2003年』二〇〇三年。

生コン教本編集会議『知っておきたい生コンのいろは』近畿生コン輸送協同組合、二〇一一年。

日本生コン輸送協会『ミキサー車運転者ハンドブック　生コン輸送の手引き』関東生コン輸送協会マニュアル作成委員会、一九九七年。

百瀬恵夫『新協同組織革命――過当競争を越えて』東洋経済新報社、二〇〇三年。

溝口敦『続・暴力団』新潮新書、二〇一一年。

安田浩一『ヘイトスピーチ――「愛国者」たちの憎悪と暴力』文春新書、一九九五年。

本書に登場する主な用語

ユニオン　労働組合を指す英語「トレードユニオン」から来た言葉で、一つの企業ごとの労働組合（企業別労組）ではなく、企業の枠を超えて一人からでも加入できる労働組合。業種や地域、非正規・青年・女性・管理職などさまざまなくくりのユニオンがある。

産別労組　「産業別労働組合」の略。労組には企業ごとの「企業別労組」と、産業全体をカバーする「産別労組」がある。日本の労組はほとんどが企業別労組だが、海外は産別労組が基本で、業界内の労働者が企業を越えて直接加入し、業界の経営者らによる経営者団体と集団的に労働条件などを交渉する。日本では両方が労組として認められている。

生コン協同組合　生コン業者が設立した中小企業等協同組合法にもとづく団体。全国各地に約三〇〇団体が設立され、生コンの受注・販売活動を協同組合に一元化することで大企業であるゼネコンの買いたたきを防ぎ、適正価格実現を図ることを目的にしている。共同受注・共同販売事業は独占禁止法の適用除外とされている。

労働基本権　団結権（労組をつくる権利）、団体交渉権（労組が企業と交渉する権利）、団体行動権（ストライキを行う権利＝争議権＝と、その他の幅広い組合活動を行う権利）。憲法二八条で保障され、これにもとづいた労働組合法で、労働者の生活向上を目指す正当な活動は刑事事件とされないことが明記されている。

ストライキ　略して「スト」。労働者が労働環境改善を求め労働を拒否することで抗議すること。

ゼネスト　ゼネラルストライキの略。日本語で「総同盟罷《ひ》業」とも言う。企業や組織単位ではなく全国レベルなど幅広い範囲で労働者が団結して行うスト。

春闘（しゅんとう）　「春季生活闘争」の略。日本で毎年春、多様な産業の労組がまとまって賃金の引上げや労働時間の短縮などの要求を一斉に行う労働条件の改善交渉運動。

ピケ　「ピケッティング」の略。ストなどに際し、工場の入口でスクラムや座り込みをして、スト破り（会社側によって駆り出された労働者が就労することでストを無力化させる手法）などから防衛したり、一般市民にその会社に対してボイコットを呼びかけたりする行動のこと。

日経連　「日本経営者団体連盟」の略で、労働問題を大企業経営者の立場から議論・提言する目的で結成された組織。後に日本の経済政策に対する財界からの提言及び発言力の確保を目的として結成された「経団連」（経済団体連合会）に吸収される形で合併。

労働委員会　労働組合法一九条に規定された、労働者の団結擁護・労働関係の公正な調整企図を目的とする行政委員会。使用者委員・労働者委員・公益委員の各同数で構成され、国（中央労働委員会）と地方公共団体（都道府県労働委員会）に設置されている。

モデル賃金　年齢、学歴、職種などを基準として「正規入社者が標準的に昇進・昇格した場合の賃金」をみる賃金指標。

ポストノーティス　使用者が労働者の労働組合活動を違法に侵害した場合にとられる裁定方法の一つで、労働委員会が労働者を救済する目的で使用者に出す命令。ポストノーティスを受けた使用者は違法行為があった事実を認めて謝罪し、今後同じようなことはしないと労働委員会が指示する方法で誓約しなければならない。

黙秘　犯罪の容疑をかけられている被疑者や刑事裁判を受ける身となった被告人が取り調べや刑事裁判において供述を拒むこと。容疑者が犯人ではなかったときは事件について話すことができないため、供述拒否は「黙秘権」として法的に認められている。

勾留　証拠隠滅や逃走を防ぐため被疑者、または被告人を刑事施設に拘束すること。一方、「拘留」は罪が確定した人を刑罰として拘束することを指す。

あとがき

歴史は、勝者によってつくられるという。たくさんの残すべき事実が、書けるだけの余力がなかったか、書いたとしても力のある者の手で破棄されることによって、なかったことにされてしまう。関西生コン事件の始まり方は、そんな「嫌な感じ」を抱かせた。

私は新聞記者時代、たまたまほかのことに忙殺されていて取材できなかったというだけの理由で、たくさんの重要なことを記事にせずにきた。そして、それらは「なかったこと」になった。この世界では、書かれなかったことはなかったことと同じだから。

「あったこと」を「なかったこと」にしてきた自分をまた繰り返すのか、これはなかったことにしてはいけない事件ではないのか、という思いが、取材へと背中を押した。

「記事や本になったからと言って何かが変わるとは正直、思えなかった」とシングルマザーのミキサー車運転手に言われながら、取材は約二年にわたった。その中でわかったのは、この事件は通り一遍の「労働運動の取り締まり」などではないということだった。

この事件はまず、どこかの「ステキなよその国」でなく、私たちの社会にも、働きにくさをしっかりと押し返してきた労組の活動があるということを教えてくれた。さらに、そのための強力な武器である労働基本権を「犯罪」に作り替えていくための周到な詐術が、営々と続けられてきたことも、教えてくれた。

日本での過労死をもたらすような長時間労働や、貧困に直結する低賃金は、この詐術によって、多くの労働組合がまるで会社の中の「部」や「課」のように押し込められてきたところから来ている。それなのに私たちは、「日本人は働くのが好き」「低賃金でも我慢して働く奉仕の精神がすばらしい」と、思わされ続けてきた。

この本は、そうしたからくりを解き明かしたくて書いた。振り込め詐欺や手品がそうであるように、人々が、それが錯覚であると気づき、からくりと手口を知ることで、その効果は大幅に失われるからだ。

私自身、この事件の取材を通じて、何度も「なんだ、そうだったのか」と思い、心が軽くなり、自由になれた。そうした自由さを、この本を読む人たちに共有してほしい。そして、労働基本権や労働組合が、遠くのものではなく、社会や生活の場から会社を規制するための、働く私たちの力の源泉だったことを思い出してほしい。この本がそのように生かされることが、いまの私の願いだ。

旬報社の木内洋育社長には、出版にあたって本当にお世話になった。そして何よりも、厳しい条件下にもかかわらず取材に協力してくださった文中のお一人お一人に、そして、お名前は出せなかったが貴重な情報やご助言、ご示唆をいただいたたくさんの方々に、心からの敬意と感謝をささげたい。

なお、文中では煩雑さを避けるため、敬称はすべて省略、肩書きは取材時点のものとさせていただいた。また、引用した文書は各章の脚注で示し、この事件の構図を理解するうえで参考にさせていただいたものについてのみ参考文献として巻末に挙げた。

補章

反攻の始まり

［写真］外国特派員協会で会見する湯川裕司委員長（中央）と島田弦季社長（左端）、7月18日撮影、関生支部提供

本書の「エピローグ」で私は書いた。「『日本って、こんな国になっているんだ』という思いの中で、私はいったん取材を締めくくろうとしている」と。だが、事件のその後は、そんな思いを訂正するような光景の連続となった。そこには、薄っぺらな失望感を覆す、この社会の底力が顔をのぞかせていた。ベルトコンベアに載せられるように起訴されていったのべ六六人の組合員のうち三四人が、裁判で無罪を争った。うち、一一人の人々の無罪が確定した。「有罪率九九％」とも言われる日本の司法では異例の事態だ。金縛りに遭ったかのように沈黙を続けてきたマスメディアでも二〇二四年三月、大阪毎日放送（ＭＢＳ）が地上波では初めて、関西生コン事件を正面から扱ったドキュメンタリー「労組と弾圧〜関西生コン事件を考える」を放映した。これらは一体、何なのか。その解明へ向けて、「反攻の第二幕」へと足を踏み入れてみたい。

海外からの視線

二〇二四年七月一八日、関生支部委員長の湯川裕司は、東京商工会議所や三菱重工などが入居する東京・丸の内二重橋ビルへ向かっていた。この一角にある日本外国特派員協会が労働組合員に対する長期勾留に関心を持ち、会見に招かれたからだ。

◉「欧米の労組が活動したら弾圧される」

六年前のこの日、二府二県の警察による組合員の一斉逮捕が始まった。当時副委員長だった湯川も逮捕され、勾留期限が切れると別の府県警がまた逮捕するという「リレー逮捕」によって二年近く勾留され、起訴された。

二〇二〇年六月の保釈後、武建一に代わって、裁判を抱えながら委員長に就任し、組合の立て直しに奔走してきたが、二〇二三年三月、大津地裁は、滋賀でのコンプライアンス活動をめぐる事件で懲役四年の実刑判決を言い渡し、湯川は控訴した。さらに二〇二四年、京都地裁で、検察側は京都での三事件について湯川に懲役一〇年を求刑した。労働事件としては前代未聞の強盗殺人並みの重さだ。

この日の会見では、司会を務めたジャーナリスト、神保哲生が「労働基本権があるのに組合活動で大量逮捕されるという極めて重要な事件」と口火を切った。これに続き、湯川は次のように、労働組合が暴力団体にすり替えられていく異様さを訴えた。

「私はこの事件で、八回逮捕され、七回起訴された。黙秘権を行使すると、当然のように六四四日間勾留された。調べを担当したのは暴力団員の犯罪を担当する部署で、逮捕された組合員だけでなく、事情聴取された組合員も、『取り調べ』の中で組合の脱退を強要された」

「滋賀事件では、大津地裁で四年の実刑判決を受けたが、判決文には『労働組合』という言葉は全く登場しなかった。京都事件では、公判中に労組の執行委員長に就任したことまで理由にされて実刑一〇年が求刑された」

「日本には、関生支部のような産業別労組を弾圧してきた歴史がある。その日本社会で、三〇年もの間、賃金は上がらず、非正規労働者は増える一方だ。日本には産業民主主義はない。産業別労組が主流の欧米の労組が日本で組合活動をしたら弾圧される、といっても過言ではない」

◉「人質司法」への注目

日本駐在の海外メディアの記者などが運営する同協会では、大きな事件などが起きるとその渦中の人を招いて会見を開く。映画監督の北野武や、フィギアスケート選手の羽生結弦も招かれている。そんな場に、ローカルな一労組の委員長が招かれたのは、労組員の大量逮捕という異様さだけでなく、自白するまで勾留を続ける日本の「人質司法」という手法への関心が大きかったから、と同協会の関係者は言う。

「人質司法」は海外でも知れ渡り、「Hostage Justice」という英語の訳が定着している。二〇〇九年、厚労省の局長だった村木厚子が逮捕された事件（二〇一〇年無罪判決、同年、担当検事らが証拠隠滅容疑で逮捕）でも、否認したために勾留され続けたことが大きな問題になった。さらに、第二次安倍政権が長期化し、政権と検察の癒着とも見える事態が問題化する中で、図表1のように、こうした事例は相次いだ。そのひとつとして、この時期に逮捕された湯川の長期勾

図表1◉最近の「人質司法」事件

カルロス・ゴーン事件
2019年11月、金融商品取引法違反容疑で逮捕された日産元会長、再逮捕などで108日間身柄拘束
プレサンスコーポレーション事件
2019年12月、横領容疑で逮捕された不動産会社社長。248日間身柄拘束
大川原化工機事件
2020年3月に噴霧乾燥機が生物兵器に転用される疑いから勾留、容疑者とされる一人が東京拘置所の中で体調を崩しても保釈は認められず、胃に悪性腫瘍があると診断された後にようやく勾留の執行停止。入院先で胃がんと診断され、約3カ月後に死去。
東京五輪汚職事件
2022年9月、東京五輪大会組織委員会元理事への贈賄容疑で東京地検特捜部に逮捕された出版大手KADOKAWAの角川歴彦前会長。23年4月に保釈されるまで約7カ月間勾留

留が、関心を呼んだ。

二〇二三年、日本の企業での人権状況を調査するため来日した国連人権理事会「ビジネスと人権」作業部会の「人権及び多国籍企業並びにその他の企業の問題に関する作業部会報告書」（二〇二四年五月二八日、部会報告）は、児童労働分野での深刻な性的虐待として「ジャニーズ問題」を批判した。

日本のメディアではこの事件のみが大きく報じられ、「国連がジャニーズ事件の調査に来た」と言った記事が相次いだ。だが、この報告書も、実名は挙げなかったものの、関西生コン事件での異様な弾圧ぶりについて次のように触れている。

「作業部会は、大阪を含む地域において、労働組合員を標的にした逮捕及び訴追に関する情報を受け取りました。これらの組合員は、主に企業の法令遵守を求める日常的な労働組合活動への参加に起因して、威力業務妨害罪や恐喝未遂罪の疑いによる法的措置に直面しました。また、労働組合結成を理由に出勤を拒否された従業員もいました。」

「労働組合は、公正で合法的な職場環境を促進する上で不可欠で、国連指導原則で示されているように企業が人権を尊重することを促す役割を担っています。したがって、作業部会は、労働組合が合法的な方法でその活動を遂行できることの重要性を改めて強調します[*1]」

「物語」に合わせた切り貼り

関西生コン事件捜査の「非常識」に目を向けたのは海外だけではなかった。二〇二三年三月から二〇二四年にかけ、日本の司法の場でも、図表2のように、無罪判決の確定が相次ぎ始めたからだ。複数の無罪判決は、警察・検察の頭の中の物語に沿って事実が選択的に取り出されて行く、「ストーリー先行」とも言える捜査の破れ目から生れた。

こうした無罪判決の中身に立ち入る前に、「懲役四年の実刑判決」「懲役一〇年の求刑」という殺人罪なみの扱いを受けた湯川の例から、「物語」の作られ方を検証してみたい。

図表2◉関生事件でのこれまでの無罪判決

2021年 12月 加茂生コン事件

大阪高裁 1名無罪→最高裁上告、高裁へ差し戻し

2023年 3月 和歌山広域協組事件

大阪高裁 3名の逆転無罪　確定

2023年 3月 タイヨー生コン事件

大阪高裁 1名、一審無罪を維持　確定

2024年 2月 コンプライアンス活動事件

大津地裁 ビラまき事件の7人無罪　確定

<計のべ11人が無罪確定>

◉「計画的組織的」が共謀の証拠に

湯川が実刑判決を受けた事件は、関生支部が行った建設現場での企業の違法行為の指摘活動（コンプライアンス＝法令遵守＝活動）が、金品目当ての恐喝に従わない企業に対する嫌がらせの意図を持ったものという「物語」として解釈され、再構成されてきた（第２章参照）。二〇二三年三月の判決では、この活動にあたった執行委員など五人に、「恐喝未遂」や「威力業務妨害」として懲役三年から一年（執行猶予つき）、現場にさえ行っていない湯川が「コンプライアンス活動は計画的組織的に行われたもので共謀共犯関係が成立する」として、実刑が言い渡された。

労働組合は「計画的組織的」に行動しなければ役割を果たせない。それを「犯罪」にできたのは、労働組合を暴力団体と読み替えた

からだ。湯川は企業の違法行為を指摘した団体の当時の副委員長だったことで、「懲役四年」の重罰が課せられたことになる。

「懲役一〇年」の求刑の対象になった京都事件も、その中身を知ると「これで懲役一〇年？」と拍子抜けする。京都事件は、第4章でも述べているように、ベストライナー事件、近畿生コン事件、加茂生コン事件から構成されている。このうちベストライナー事件を例にとってみよう。

二〇〇二年、関生支部は、ベストライナー社に分解を結成した。

ベストライナー社は、京都地区の七社が加盟する京都生コン協同組合が、人件費削減へ向け、低賃金のアルバイト運転手による専属輸送会社として立ち上げた。バブル崩壊後の需要の落ち込みや、協組とほぼ同数の協組未加盟会社（アウト業者）の安値攻勢に、労働力の買いたたきで対抗しようとする作戦だ。一方、協組の五社に分会を持っていた関生支部は、労使の協力で中小生コン会社の乱立に歯止めをかけ、生コンの適正価格化（値戻し）を図ることで業界の立て直しを目指す産業政策を提案していた。

関生支部の分会結成に、京都協組は組合員全員を解雇。組合の抗議行動でこれは撤回されたが、その後も暴力団関係者などを 使って組合をつぶそうとする。そこでは暴力団関係者を会社代表者にしたり、労組撤退を飲めば解決金を支払うと迫ったり、あらゆる手が使われた。関生支部は、工場への二四時間泊まり込みや、ストライキを実行。二〇一四年、ベストライナー社の閉鎖を認めるかわりに組合員の雇用確保を約束させ、その退職金を含む一億五〇〇〇万円の解決金の支払いで決着する。

解決から一年後の二〇一五年、京都協組は反組合派の役員を緊急理事会で解任し、業界立て直しへ向けた労使の協力関係が生まれ、乱売合戦に歯止めがかかって、生コン価格の値戻し基調が始まる。

ところが、検察側の求刑は、こうした客観的な事実経過を無視し、関生支部側が一億五〇〇〇万円を要求し、ストライキをして執行部を「畏怖」させて要求を実行させたとしたから恐喝にあたるとし、湯川はこれに加担したとなっている。事実経過から見ると、組合の撤退や会社の閉鎖を求め、引き換えに金銭提供を申し出たのは京都協組だ。ストライキは、会社側が組合員の雇用確保を拒否しなければ起きなかった。解決金の支払いも、労使協定の実行にすぎないが、それだけの多額な金品を提供するはずがないから畏怖させたに違いない、という推論だ。こうした推論の上に立って、論告は「被告人湯川には、規範意識が欠如していることは明らか」とし、「(保釈後に)関生支部の執行委員長に就いたことも照らすと、同種再犯に及ぶ恐れも高い」と締めくくる。労組の委員長に就任したことまでが「反省の情が皆無」として重罰の理由とされてしまう、逆立した検察の物語がそこに見える。

◉ある経営者の死

近畿生コン事件は、こうした流れの中で起きた。協組に加盟する近畿生コンの代表者は反組合派だったが、反組合派の協組役員の解任に嫌気がさして経営を投げ出し、二〇一五年に破産申請したからだ。その工場が協組に加盟しない「アウト」業者に売られれば、新規の業者の参入による乱売合戦が再び強まりかねない。これを懸念した京都協組が、新規参入を阻むために工場の占拠を依頼し、同社に組合員がいた関生支部も、協力をきめた。占拠は組合がしばしば行ってきた手法で、労働条件の向上を目指したものであることは第4章でも述べている。

半年後、生コン業界とは無関係なスーパーが工場を買い、協組執行部の懸念はなくなり、関生支部は占拠闘争を解除した。京都協組は、その後、関生支部と占拠の際の経費清算を話し合い、理事会で承認した解決金六〇〇〇万円を払ったが、それを、検察は湯川らによる「恐喝」とした。

つまり、この事件は同協組の久貝博司ら四人の理事が、「値戻し」政策を進めようと決意し、値下げ競争を維持しようとする理事らを解任して「体制一新」へ向かう中で起きたもので、協組は「被害者」とは言えない。そうした状況は、検察側の証人として出廷した当時の京都協組会計担当者Aによっても証言されている。

検察官：そのときに、連帯（筆者注：関生支部のこと）が占拠してくれるからアウトに買われんで済むんだと、そういう発言を京都協組の理事がしていた、そういう話はありましたか。

A：多分、久貝理事は、そのようなことを言ってたような気がします。

検察官：そのようなことというのは、あなたの記憶だと、どういう言葉を言っていたんですか。

Ａ：連帯の協力をもって、近畿生コンの、その場所を守ってもらってるということだと思います。

このような協力関係の中、組合側の中心人物として交渉にあたっていた湯川に、協組が「畏怖」したという検察側の見立ては無理があると言わざるを得ない。

三つ目の加茂生コン事件についても第４章で詳しく述べているが、このうち、その異様さで広く知られているのが「就労証明書要求事件」だ。これは、組合を結成して正社員化を求めた運転手に対し、会社側が、子どもの保育園通園に必要な就労証明書の発行を拒むようになり、発行を求めた組合員の行為が京都地裁で「強要未遂」として執行猶予付き懲役刑の判決を受けた事件だ。

二〇二一年一二月、二審の大阪高裁では、二人の原告のうち組合員の吉田修は逆転無罪となり、執行委員の安井雅啓も罰金刑に減刑。「反攻」の皮切りとなった。

高裁は、「会社には就労証明書を作成、提出する義務があり、それまでの女性役員の言動から体調不良を仮病と疑ったことは無理がない面があり、証明書を求め続けたことは非難できない」と認定した。判決後、高裁前で勝訴に沸く支援者たちの前に立って、吉田は言った。

「(うれしいのは)無罪というよりも、四カ月半パクられていて、久堀先生(担当弁護士の久堀文弁護士)に力をもらってやりきれたということ。当然の結果や」

吉田も、逮捕後に四か月半もの間勾留されて「取り調べ」を受けたが、その半分は「労働組合をやめへんか」だったと語っている。組合脱退の強要だ。起訴後に冷房が効いた警察署の雑居房から扇風機もない京都拘置所の独居房へ移され、暑さの中で心身ともに追い詰められ、組合員の一人が罪を認めて保釈されたとも聞いた。もうどうでもいい、組合を辞めようと思い、裁判長にあてて罪を認める上申書を書き始めていたとき、接見に来た妻のまゆみに「しんどいのはあんただけと違う」と言われた。まゆみは、その時の心の動きを、「自分で勝手に家族のこと考えずに行動して、いまになって、やめとくわというんだったら、(中略)それで組合を抜けていたら、多分私は見捨てていたと思う」[*2]と振り返っている。その言葉に押され、吉田は否認のまま釈放、起訴された。

ところが二〇二三年九月、最高裁は、「会社には就労証明書を発行する義務はあった」としてその不当さを認めたにもかかわらず、事実認定に不十分な点があるとして事件を高裁に差し戻し、高裁で再び審理が続くことになった。判決後、原告側の間には脱力感が漂った。吉田は「最高裁だから労働組合活動であると判断していただけると思っていたら差し戻し。なんで判断ができないのか。正直、情けない」と語り、安井は「『お願い』で聞いてくれるなら労働組合はいらない。聞いてくれないから争議権やストライキ権がある。ここを、憲法判断する最高裁が判断してくれ

図表3◉企業占拠などを手段とした争議の解決金例

労働争議（労組）	争議内容	解決金等	年月
パラマウント （パラマウント製靴労組）	倒産解雇・工場占拠・自主生産	1回目1億2000万円 ＋工場土地・設備	1986年11月
東芝アンペックス （全造船東芝アンペックス分会）	倒産解雇・工場占拠・自主生産	9億円 ＋工場土地・設備	1990年12月
灰孝小野田レミコン （関生支部）	解雇・懲戒処分	3億円 ＋新会社設立	1992年11月
国鉄・JR不採用 （国労闘争団など4者4団体）	採用差別	199億3291万円	2010年6月
京品ホテル （東京ユニオン）	破産・占拠・自主営業	1億2500万円	2010年1月

注：パラマウントの2回目以降の解決金額不明。万円未満の解決金は省略

なかったことが、非常に残念」と述べている。この判決を報じた独立メディア「TANSA」の記事の見出しは、「逃げた最高裁」だった。

そんな中でも注目すべきことは、二人を有罪とした京都地裁判決でさえ、「規模が大きく、上記のような組織性の高い労働組合の執行委員長である武及び副執行委員長である湯川が、（中略）交渉過程、特に就労証明書の作成が大きな問題となっていることまで把握していたことをうかがわせる証拠は十分でなく」として、湯川の共謀を疑問視したことだ。

そんな疑問だらけの湯川の「懲役一〇年求刑」を支える証拠として、検察側論告は、「度々ストライキ」をして

使用者側に対し圧倒的優位に立ち、その「畏怖」によって「何度も多額の現金を交付」させたこと、と主張している。「こんなに法外な額を払うのは脅しがあったから」とするイメージづくりだが、まず、労組のストライキは当たり前の行為だ。また、図表3のように労働争議での解決金は多様で、労働者の雇用保障が含まれていることも多く、決して法外なものではない。

こうした無理な検察の捜査は、組合員だけでなく、関生支部と共に「値戻し」を推進した久貝理事も追い詰めた。久貝は法廷で「一億五〇〇〇万円」という解決金の額について「(久貝らが)想定していた金額はノーアイデア」と述べ、額は協組側からの提案ではないことを示唆する証言に追い込まれたからだ。「証言台で久貝さんは、関生支部の理念は理解できると言った後、検察からさらに質問されると、目を泳がせ、周囲をうかがうようにしながら、『ノーアイデア』と証言した。自分の会社を守るために仕方なかったのだと思う。苦しそうで見ていられなかった」と湯川は振り返る。

久貝は組合員の大量逮捕が始まる半年近く前から京都府警に再三呼び出され、「逮捕されるかもしれない」と周囲に漏らしていた。そんな不安にさらされていた大量逮捕の一か月前ごろ、京都協組は緊急理事会を開き、久貝の反対を押し切って関生支部の告訴を決議する。久貝は気心の知れた周囲に「もう踏ん張れない」と苦しげに語っていたという。

その後、理事を事実上解任され、経営していた会社は破産に追い込まれた。法廷での証言の後、肝臓がんがみつかり、それが転移して二〇二四年五月、久貝は亡くなった。二〇二〇年に湯川が保釈されたとき、「とにかく会って話がしたい」と第三者を通じて打診してきたが、関係者との接触を禁止した保釈条件に遮られ、湯川は断るしかなかった。業界の立て直しを夢見て奔走した経営者の犠牲は、この事件の痛ましさを一段と際立たせる。

関西生コン事件の逮捕者は八九人で、うち組合員は八一人。久貝は逮捕を免れたが、八人の組合員以外の逮捕者には中小零細生コン会社の経営者たちが複数いる。中小企業と労働者が連携し、一線の人々に利益を取り戻せる仕組みを作ろうとした「下からの産業政策」に、警察と検察がくさびを打ち込んだ。

一一人の無罪確定を生んだもの

茂生コン事件は最高裁の差し戻しでやり直しとなったものの、その二〇二一年高裁判決以後、のべ一一人の無罪が確定していった。それらは、検察側の「物語ありき」の姿勢の破れ目を、次々と露わにしていった。

◉認められた産別労組の活動

二〇二三年三月、和歌山広域協組事件の判決公判が、大阪高裁で開かれた。和歌山広域協組トップが元暴力団員を関生支部事務所の周辺に徘徊させたと見た関生支部組合員らが同協組に抗議に出向き、逮捕・起訴された事件だ。被告とされた三人の一人として出廷した武谷は、裁判長の言葉に、一瞬耳を疑った。

「原判決を破棄する。被告らはいずれも無罪」

法廷は一瞬静まり返り、すぐに「おおっ」と傍聴席から歓声が上がった。それまで、和歌山地裁判決も含め、ほぼすべての事件で関生支部の行動は相手側の会社に関生支部の組合員がいないことをもって正当な組合活動ではないとされ、威力業務妨害などの形で有罪にされてきた。被告たちはだれもが、今回もそれが繰り返されると腹をくくっていた。武谷は思わず振り返り、後ろの席に座っていた中島光孝弁護士に、「どういう意味か」と確認しようとした。中島は「続きを聞こう」と言うかのように唇に人差し指を充て、武谷を制止した。

判決は、「産業別労組は業界全体に働きかける権利を持つ」として、次のように続けた。「産業別労働組合である関生支部は、業界企業の経営者・使用者あるいはその団体と、労働関係上の当事者に当たるというべきだから、憲法二八条の団結権等の保障を受け、これを守るための正当な行為は、違法性が阻却される」

それは、企業別労組が圧倒的な日本社会で、産別労組の活動の正当性とその活動が労働組合法上の刑事免責の対象であることが、初めて法廷の場で述べられたものだった。最高裁でこの判断が確定することを恐れたのか検察は上告せず、三人の無罪が確定した。

無罪の確定で、武谷の周囲は大きく変わった。遠巻きにしていた近所の人々が「よかったね」

と笑顔で応じてくれるようになった。だが、逮捕後に始まった子どもへのいじめや家族への攻撃、その結果としての妻との離婚による傷は、無罪後も修復されていない。

同月、大阪高裁は、二〇二一年七月の大津地裁のタイヨー生コン事件での武・前委員長の無罪判決（第7章参照）を維持し、この事件での武の無罪が確定した。翌二〇二四年二月、大津地裁は、コンプライアンス活動とビラまき活動で組合員が「威力業務妨害・恐喝未遂」として起訴された事件で、大手建設会社フジタの建設現場で法令違反を指摘した二人に、懲役二年六月と一年六月（ともに執行猶予三年）の判決を下した。弁護団はコンプラ活動が憲法で保障された正当な組合活動であることを主張していたが、大津地裁は組合活動としての正当性をまったく判断しなかった。

ただ、フジタ大阪支店近くで、フジタ側の法令違反の事実を記載したビラまきにかかわった7人については、有罪となった二人との「共謀共同正犯が成立する証拠がない」として無罪が言い渡され、検察の控訴断念で無罪が確定した。

逮捕・勾留後、「こんなんで逮捕されたら世の中狂っとると思ったが、世の中、狂っとったんや」と呆れ顔で話していた大原明（第2章参照）も、無罪を勝ち取った。「道端でビラを撒いただけの行為が有罪やったら、その辺で安売りのビラまいとる人はみんな有罪や」と、大原は言った。

◉大量逮捕を生んだ「三点セット」

このような多数の無罪を生み出した大量逮捕とは、何だったのか。

これまでも述べてきたように、憲法二八条は、労働条件の向上のため労組を結成する団結権や団体交渉権、ストやチラシ配布、集会などの団体行動権を労働基本権として保障している。さらに労働組合法は、労働者の地位向上のための正当な組合活動については、暴力以外の手段であることを条件に、刑事罰の対象にしないとしている。「刑事免責」だ。

そして、今回の大量逮捕で暴行・傷害などの暴力行為での容疑は一件もない。

そこには、警察・検察側の「二八条の解釈改憲」ともいえる、「労組を労組でなくさせるための三点セット」が見えて来る。一つ目が、労組の定義を「労組＝企業別労組」とする恣意的な定義だ。中央労働委員会のサイトでは、労組の資格として、①労働組合は自由に設立することができる、②したがって、労働組合を設立してもどこへも届け出る必要はない、③ただし、労働組合が労働組合法の定める手続きに参与したり、救済を受けるためには、労働組合法第二条及び第五条第二項に定める一定の資格要件を備えていなければならない、とされている。[*3]

労働組合がこの資格審査を受けるには、資格審査申請書と立証資料をそれぞれの手続きについて管轄権がある労働委員会に提出する。労働委員会は公益委員会議で、自主的な組合であるか、民主的な組合としての規約を備えているかなどの要件について審査し、要件に適合していると判断されれば適格と決定され、資格決定書の写し又は資格証明書を交付する。

関生支部はこれらのすべてをクリアし、資格証明を受けた組合であり、和歌山事件の高裁判決でも述べているように、産業全体の労働条件向上へ向けて、雇用関係や組合員の有無にかかわらず、すべての経営者に働きかけていくことを通じて労働者の待遇改善を目指す、「産業別労組」だ。加えて、日々雇用など会社間を流動する非正規運転手が多い特性を持つ生コン業界では、企業内だけの労使交渉にとどまっていたら労働者を守れない。

労働法学者の吉田美喜夫は、にもかかわらず検察側のような定義づけがまかり通るのは、日本の圧倒的多数を占める企業別労組に合わせて労働のルールが形成されてきた結果、企業内の労使による団体交渉が組合活動で優位なものとされ、組合をつくる権利としての団結権や、労働者の団体が労働条件の実現を図るためにストライキなどの争議行為、ビラ貼り、職場集会などを行う団体行動権は軽視されてきた、と指摘する。[*4]

非正規労働者が四割近くを占めるようになった社会で、企業内の正社員だけを対象にしていても働く人は守れない。企業の枠を超えて働く人を守るには、政策要求や業界全体の規制ルールなどを作るため、社会運動的な活動が不可欠になってくる。団体行動権が重要と言うことだ。また、会社に入った人を自動的に組合員にするしくみではないから、「組織化」といって、会社の外からも含め、組合に入るよう働きかけることが重要で、団結権の重要度も増す。

関生支部のコンプライアンス活動もアウトを入れないためのプラント占拠も、こうした団体行動権の行使だが、企業別労組しかみたことがない検察、そして裁判官の一部は、それを理解しておらず、「暴力団」と同一視して取り締まった可能性がある。

吉田によると、「暴力団」と「労働組合」は全く異なる。暴力団は自分が関与していない経済活動から、脅しや暴力で金品を奪うが、労働組合は、企業の経済活動の担い手として利益を生み出す。そうした労組が、自ら生み出した利益の配分を求めることは権利だが、「雇われる側」という立場の弱さから発言力が小さい。争議権などの団体行動権には、これを、ストなどの圧力によってカバーする役割がある。

吉田の指摘をもとに関西生コン事件を考えると、ストなどがほとんど起こらなくなった社会でそうした組合活動のメカニズムを体感できなくなった検察側が、自分たちの主観的な違和感を「違法」と同視し、労働用語をことごとく刑事用語に言いかえることで違和感のある組合活動を、違法の枠に押し込んでいったのがこの事件ということになる。それが二つ目の手法だ。

そして三つ目が、そうした用語変換によって「暴力団」としての枠に押し込まれた労組を、解体し、消滅させるための脱退強要だ。武谷は、この三点セットを、身をもって体験した。まず、抗議先の団体とは雇用関係がないから正当な労組活動ではない、として、威力業務妨害、強要未遂といった罪名で起訴され、さらに、取り調べの中で執拗に聞かれたのが「湯川副委員長の指示では？」という質問だった。「和歌山の責任者は自分だから湯川は無関係」と再三否定したが、そのとき武谷は、警察の狙いは事件の真相究明ではなく、組合をつぶすためにトップからつぶすことなのだと理解した。暴力団の壊滅作戦の「頂上作戦」の転用だ。

複数の府県の警察署をたらい回されて取り調べられた湯川は、その中で、暴力団を担当する組織犯罪対策（ソタイ）部門の警察官が頻繁に登場することに気づいた。労働運動は従来、「公共の安全や秩序維持が目的」とされる警備部門が担当することが多かった。不審に思い、「なぜ警備が担当しないのか」とソタイの警察官に聞くと、「警備ではできないからウチらがやる」と言った。

別の警察署では、応援に来たという警備部門の警察官が「警備課ならようやらへんけどソタイはどんなことしてでも逮捕する。勉強になった」と言った。

産別労組は労組ではなく暴力集団、とレッテルを張って暴力団対策の中に繰り込み、レイシスト集団の「反社会集団キャンペーン」も活用して世論形成することで法の保護の外に置いて一括壊滅させる――。そうした手法へと労組対策が変化させられる中、十把ひとからげとも見える大量逮捕・起訴が行われ、一括壊滅を目指したきめの粗い取り調べが、多数の無罪判決を生んだことになる。

◉有罪と無罪を分けたもの

これを裏付けるのが、大阪毎日放送（ＭＢＳ）のドキュメンタリー「労組と弾圧」の中での池田克彦・元警視総監のコメントだ。

池田は、大阪府警の警備部長などを歴任し、二〇一〇年警視総監に就任した警備畑の警察官僚で、取材当時は退職して民間企業の役職についていた。取材側から、有罪率九九%とも言われる日本の司法で、関西生コン事件がのべ一一人もの無罪確定者を出したことについて警察側はどう考えているのかを聞かれ、池田は「あくまで一般論」と断ったうえで、次のように警察側の論理について述べている。Qは取材側からの質問、Aは池田の応答だ。

Q　警察の捜査責任者のみなさんに後悔の念とかそういうようなことは？

A　ないと思いますね。十分これは警鐘を鳴らしたという風に思っているでしょうし。

Q　なぜ警察は生コン会社の運転手がつくる関西の一労働組合をターゲットにするのか。

A　今回の事件はどちらかというと組織暴力に近いという判断をしているんだと思うんですね。何と言いますか、いわゆる思想性によってこういうことをやったというよりも、組織暴力という力を背景に行った犯罪だと。（捜査担当者は）そういう認識をしているんじゃないかと思うんですね。

Q　労働組合としては普通の行為なのかなと思ってしまうんですけれども、警察としてはそうとも言い切れないと。

A　私も個別の事件をやっているわけではないんではっきりしたことは申し上げられませんが、おそらく、そういうこと（労組活動）に藉口した（かこつけた）利益行為だと、そういうふうに見たんだと思いますね。もちろんそれぞれの行為は単独で見た場合、正しい行為の場合もあるかもしれませんが、その背景の意図が、極端に言えば、こういうクレームをつけて、何かの利益を得ようと、そういう藉口したものではないかと。

警察組織の内から見た池田の解説は、警察側に「労働三権」と対峙している意識はなく、「組織暴力への取り締まり」という予断と偏見に事件が貫かれていることを示唆している。そこには、裁判もなく、警察側が恣意的に社会の外へと仕分けした多数の関係者が、家庭も生活の基盤も壊され、のべ一一人もの人々が、無罪かもしれないのに冷房もない灼熱の獄中に長期に拘束され、心身が極限状態に陥るなどの懲罰を強いられたことへの後悔は見えない。不都合なものを排除したことで「十分警鐘を鳴らした」というプラスの評価しかないだろう、というのだ。

関西生コン事件の怖さは、警察と検察の「物語」が、裁量によって、憲法で保障された労働基本権を「組織犯罪」に読み替え、労使自治によって築かれようとしていた業界の産業政策までも壊した点にある。

労働委員会の変質

法廷で無罪確定が相次ぐ一方で、目立ち始めたのが、中央労働委員会での逆転だった。大阪府労働委員会では、関生支部が持ち込んだ事件は、労組側のほぼ全面勝利の様相となった。従来の労組観ならそうなる、と言うことだ。使用者側はこれを不服として中央労働委員会に再審査を持ち込み、その中労委では、図表４のように、府労委の決定が相次いで覆される事態が続いた。

◉経営合理性が労働権に優越

中労委のサイトによると、労働委員会とは「労働者が団結することを擁護し、労働関係の公正な調整を図ることを目的として、労働組合法に基づき設置された機関」だ。労働委員会には、国の機関の中労委と、大阪府労委のような都道府県労働委員会の二種類があり、公益を代表する委員（公益委員）、労働者を代表する委員（労働者委員）、使用者を代表する委員（使用者委員）の三者構成で事件の審査などにあたる。労組と使用者との間の労使紛争を「簡易迅速にかつ的確に解決する」ため、①労働争議の調整（あっせん、調停及び仲裁）②不当労働行為事件の審査、③労働組合の資格審査を行うとされている。

一般の人にあまり知られていないのは、主に労組と経営側の紛争に関わる事件の解決を役割としているからだが、「労働者が団結することを擁護」する機関として労働団体の推薦で選任された労働側の委員も参加し、労組側に納得のいく決定も出してくれる機関として、これまで一定の信頼を勝ち得てきた。

大阪府労委でも、関生支部員の運転手が所属する運送会社との取引打ち切りや、組合員の懲戒解雇などが不当労働行為として認められた。それらが、二〇二三年から二〇二四年にかけた中労

図表 4◉民事裁判と中央労働委員会での逆転

2023年 4月	旭生コン事件
8月	三和商事事件中労委命令
6月	寝屋川コンクリート中労委命令 上記の淀川3事件： 労働組合が運営する労働者供給事業（日々雇用運転手の供給）への依頼打ち切りを不当労働行為とした初審命令を覆し、大阪広域協組の労組排除指示も合理的とした
11月	大阪広域ほか４者への損害賠償求訴訟で 労組側全面敗訴判決（大阪地裁）
2024年 3月	藤原生コン運送ほか３社への損害賠償請求訴訟で 労組側ほぼ敗訴、一部勝訴（同）
	ナニワ生コン事件中労委命令 →懲戒解雇取消と原職復帰を命じた初審命令を 全面的に覆した
4月	藤原生コン運送事件中労委命令 →就労打切りの取消・他労組と同等の 就労・バックペイを命じた初審命令を全面否定
5月	光榮・昌榮事件中労委命令 →初審命令を全面的に覆す

委の再審査で、相次いで覆された。

中労委の再捜査で使用者側は、初審の府労委で担当していた代理人を変え、和歌山カレー事件一審公判で主任検事を務めた経歴を持つ、大阪広域協組弁護団の筆頭弁護士、小寺哲夫弁護士のグループを代理人とした。小寺弁護士らは、逮捕・起訴や有罪の数の多さを挙げて「カネ目当ての行為」を強調する書面や、会社側・組合脱退者の主張を並べた分厚い陳述書を提出。労働側の反対尋問もないまま、使用者側の一方的陳述をそのまま使ったこれらの文書が命令の証拠とされた。

審問の場では、会社側が日雇い運転手の雇用を打ち切ったことについて、組合側弁護士が「組合員であることを理由にした不当労働行為」と指摘したことに対し、会社側が「関生支部の運転手は賃金が高いので人件費引き下げのために取り換えるのは合理的」とする主張を展開。公益委員が、後者の主張に関心を示す光景も見られるなど、労働者の人権より経営合理性優先、とも思える光景が見られた。労働運動を身近に見ることがまれになった社会は、公益委員たちのストへの共感も薄れさせているかに見えた。

二〇二四年七月、「関西生コンを支援する会」が主催した事件検証シンポジウムでは、こうした中労委の場で関生支部側代理人を担当した久堀文弁護士が、その経緯を報告した。経営合理性があるなら不当労働行為ではない、となるなら、労働者の権利は守れない、と久堀は強い懸念を表明した。このシンポでは、竹村和也・日本労働弁護団事務局長も、最近の中労委判断は、「不当労働行為の救済機関」としての役割が不十分な命令が多いことや、審理の長期化が相次いでいることを報告、中労委の変質を危惧した。

労働現場を知る人が減っていく中、憲法や産業政策、さらには「労働者の団結を擁護する」機関のはずの労働委員会にまで浸透する経営側と警察・検察の「物語」の破壊力に、「論より証拠」の立場から歯止めをかけ、流れを反転させたのが、この間の一一人の無罪判決だった。

◉大垣警察市民監視違憲訴訟判決の衝撃

二〇二四年九月、無罪判決の流れを後押しするかのような動きが、別の畑から飛び出した。大垣警察市民監視違憲訴訟判決の名古屋高裁判決だ。

二〇一四年七月二四日の朝、岐阜県大垣市内に住む近藤ゆり子は仰天した。同日付の朝日新聞に、近藤の名が載っていたからだ。記事は、中部電力の子会社で風力発電所の設置などを担当する「シーテック」社と大垣警察署意見交換会の議事録の内容についてのスクープだった。そこでは、低周波などへの環境問題への不安から、同社が市内に計画している風力発電所に反対する住民たちの過去の活動歴や、近藤などの反対運動とは関係のない市民活動家、法律事務の個人情報が実名で提供され、こうした住民たちの連携を警戒するよう助言していたことが記載されていた。

市民活動家の近藤は、「公安警察」という存在は聞いていたが、それらの監視活動についてはさほど自分事として受け止めてはいなかった。「でも、スクープ記事に自分の名前が出ているのを見て、これは裁判で打ち返さなければと思った」と言う。こうして近藤は四人の原告の一人として参加することになった。

一審で警察の情報提供が違法とされたが、さらに、二〇二四年九月の二審判決では、警察の個人情報の収集と保有も違法とし、「議事録」に記載された情報の抹消が命じられる圧勝となった。近藤らを驚かせたのは、その判決に書かれた文言の峻厳さだった。

ここでは、原告たちの活動は、地域社会や自然環境の破壊について反対したり、建設計画に不備がないか検討したり、その改善を求めたりすることは「極めて正当な行為」であり、「非難されるべきものではなく、むしろ推奨されるべきものも含まれている」と述べ、公共の安全や秩序と言う面から原告らが一般国民と異なる扱いを受けてよいという理由は認められない、とする。

そうした中で、まだ反対運動に参加してもいなかった近藤について、かつてゴルフ場建設反対運動などの経験があるということで個人情報を捜査機関が会社側に提供して注意を促すなどした行為は警察の情報収集活動の裁量権の逸脱であり、「少なくともこれを濫用するもの」と断じている。

判決文で、近藤が「ここ、見て下さい」と私に指し示した箇所には、こうあった。「〈警察側は〉近藤がその当時は本件風力発電事業計画の存在すら知らなかったにもかかわらず、同原告が今後風力発電事業の反対運動に関与してくる可能性がある旨を述べ（ある面、さすがと言うべきか、後にその通りになった）」、反対運動のメンバーらと近藤が繋がると「やっかいになる」との認識をもって、会社側と情報を提供し合い、「今後の情報提供を要請し、シーテック社の社員らもこれを了解した」とある（〈 〉は筆者挿入）。「さすがにと言うべきか」という判決文のくだりには、公権力の濫用に対する「憲法の番人」の怒りと皮肉がにじんでいた。

大垣事件も関生・和歌山事件も、高裁で、地裁とは真逆と言えるほど異なる判決が出て逆転勝訴した。二〇二四年一一月一二日、湯川委員長の判決を前に、ジャーナリストの金平茂紀らも加わって京都市内で開かれた「京都事件シンポジウム」では、大垣事件の原告代理人中谷雄二弁護士が判決の意義について報告。「名古屋高裁判決が確定し、警察活動による権利侵害のときは警察の活動の「目的」と「必要性」について主張と立証を具体的に行うように求め、その活動の相当性がチェックされることになる」と話した。

この場では、関西生コン事件が起きた際、「組合活動に対する信じがたい刑事弾圧を見過ごすことはできない」と題する声明を出した日本労働法学会会員有志の一人、山田省三・中央大学名誉教授がパネリストとして参加し、関西生コン事件の警察・検察の姿勢の背景に「今だけ、カネだけ、自分だけ」の新自由主義による経済格差や、社会的強者ではなく社会的弱者をたたく風潮、自己責任論の浸透、マスコミの機能不全を挙げた。

同じ事実、分かれる判断

◉ストを知っている世代、知らない世代

大垣事件や和歌山事件の逆転判決は、そうした風潮から日本社会が抜け出し、「リベラル化」へ戻りつつある兆しなのだろうか。京都事件の被告代理人である片田真志は、元刑事裁判官としての経験から、一連の逆転判決について次のように分析する。

「大垣事件と和歌山事件は、事実認定では違いがなく、同じ事実を見ているのに判断が大きく分かれたという点で特異。特に『犯罪があったのかどうか』を認定する刑事事件は、袴田事件のように衣服の血痕が殺人によるものか後でつけられたものか、という事実認定の違い点で分かれるのが普通だ。ところが、和歌山事件は刑事事件で、証拠はまったく同じ。それなのに、地裁と高裁で判断が大きく分かれた」

片田によれば、有罪率九九％という司法の世界で、検察官は普通は間違わないという経験知が裁判官にはあり、同じ業界で接することも多い検察官には、一定の信頼感もある。また、裁判官には社会秩序の維持者という自負心があり、市民一般が否定的に受け止めているものを否定することへのためらいもないわけではない。ただ、そうした中で、なんだか変だな、と感じる時がある。そのときに立ち止まれるどうかは、裁判官としての経験や、今回で言えば労組の活動への認

識、関生支部への偏見の濃淡が関わってくる。たとえば、加茂生コンでの就労証明書事件だ。何度も強要事件を扱っていれば、「就労証明書を求める強要なんて、あるのか？」という疑問がわく。片田も「こんな強要、見たことない」と驚いたという。だが、その経験が少ないと変だとは気づけない。

これらの点から見ると、大垣や和歌山の判決の分かれ目は「司法のリベラル化」というより裁判長の世代差だったかもしれない、と片田は言う。今回の逆転勝訴を言い渡した高裁の裁判長たちは六五歳定年を間近に控えた世代だ。一九七〇〜一九八〇年代ごろに学生時代をすごした世代が多く、労組のストライキや市民デモなどを一応は見知っている。そこに、「何だか変」という立ち止まりが生まれる余地がある。一方、地裁裁判長は一九七〇年代前後かそれ以降に生まれ、新自由主義が常識となり、それらがほとんど見られなくなった一九九〇年代から二〇〇〇年ごろに学生時代をすごしている。その結果、労働運動や市民運動に関心も共感も持たず、見たこともないという人たちが多い世代だ。とすれば、今後はむしろこうした世代が高裁裁判長となり、市民・労働運動の敗訴が増える可能性さえないわけではない。

ただ、より若い世代の裁判官には、この二つのいずれとも異なるものを感じることがある、と片田は言う。いま地裁で裁判長の脇に座る陪審判事の中には、組合活動への賛否を離れ、実際は何が起きたのかという事実関係に純粋に興味を持ち、質問しようとする姿に出遭うことがあるからだ。

片田の指摘は、労働運動や市民運動の意義や価値について頭から「正しさ」を主張するのでなく、人としての当たり前の権利を踏まえ、実証的に丹念に説明していけば勝訴の可能性もあることを意味している。また、バランスの取れた判断のためには、判事らについて行っている派遣型研修を、民間企業などだけでなく、労働弁護士事務所などに広げる必要も見えてくる。

◉新世代経営者の反攻

いま、「ストやデモが身近に見えなくなった世代」の間で、企業に正義を迫る際の新しい支えになりつつあるのが「人権」「反差別」だ。先に述べた国連の「ビジネスと人権」作業部会報告書はそのひとつだ。

そんな見地から、関西生コン事件の渦中で攻防を続ける新世代の中小企業経営者も生まれている。湯川が招かれた外国特派員協会の会見場でともに壇上に立った島田弦季だ。

島田は生コン製造販売会社「今栖産業」の社長で、一九八〇年生まれ。歯科医療会社を経営していた島田に二〇一二年、生コンの会社を引きついでほしいと頼んできた知人がいた。畑違いの分野に戸惑ったが思い切って引き受け、生コン業界との多角経営に足を踏み入れた。その六年後の二〇一八年、関生支部員の大量逮捕が始まった。

大阪広域協組から組合員の生コン業者たちに、関生支部に関わっている運転手や、そうした運転手を雇っている会社との取引を辞めるよう指示が回った。だが島田は、関生支部員の運転手が働く会社に配送の依頼を続けた。組合活動を理由に働かせないのは人権侵害、と思ったからだ。

島田の父母は部落差別問題に取り組む社会活動家だった。島田自身はデモもストもめったに見ない時代に育ったが、幼いころから父母の活動に触れ、人権、格差・差別にはアンテナが立つようになっていた。そんな島田は、生コン業界で関生支部と接するうちに、会社の外の労働者の人権をも支える産別労組に、関心を抱くようになった。社長業の傍ら三九歳で名古屋商科大学のビジネススクールに入学、三年間かけて経営学修士の資格を取った。修士論文のテーマは、産業別労組と生コン業界だった。

その前後に、関生支部員の大量逮捕が始まった。やがて、長く取引があったセメント販売会社から突然、供給をストップされた。島田は必死に他の供給先をさがしたが、近畿圏内のどの会社からも取引を断られた。唯一、岡山の会社がセメントを売ってくれた。だが、遠距離で運送費がかさむため利益はほとんどなくなった。「日本一高いセメントになってしまった」と島田は言う。

島田はめげなかった。供給停止の理由を探るため、全国約八〇社の販売会社に、電話などで聞き取り調査を行った。すると、セメントの元売りである住友大阪セメントと大阪広域協組から「関生支部の組合員に仕事を依頼する事業者とは取引するな」という圧力があった、とする証言がいくつも出てきた。

地域の中小のセメントの販売会社のほとんどは大阪広域協組に加入し、大阪広域協組は住友大阪セメントなど大手から一括してセメントを購入して傘下の組合員企業に分配し、その販売実績

図表5◉今栖産業をめぐるセメント販売の流れ

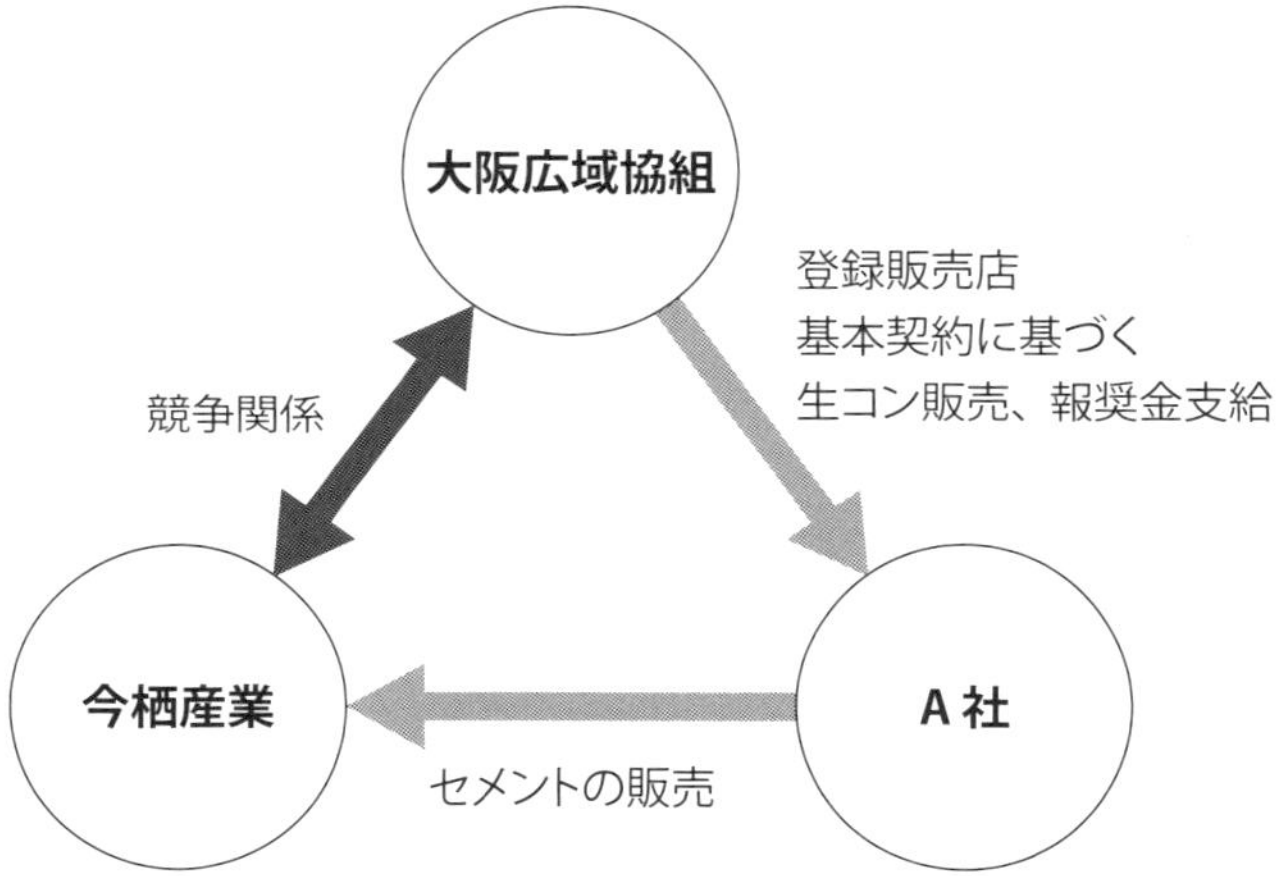

に応じて「報奨金」の形で利益を還元する（図表5）。住友大阪セメントや大阪広域協組からの指示に逆らうと、彼ら自身がセメントを購入できなくなるため、島田との取引を止めたことがわかった。

島田の会社は大阪広域協組には加入していない。だが、大阪広域協組は、登録販売店であるセメント販売会社への圧力を通じて間接的に原料を抑えれば「兵糧攻め」ができる仕掛けだ。

これらの証拠を元に、大阪地裁に仮処分を申し立ててセメント供給再開の仮処分命令を勝ち取り、供給を再開するまでの強制措置である「間接強制」として住友側から毎日一五万円を支払わせる決定も出された。住友側は地裁の決定に従わずに高裁に持ち込んだものの、これも棄却された。島田の勝利だった。

公正取引員会にも独禁法が禁じる「不当な取

引の拒絶」などにあたるとして申告、審理中だ。「地域のセメント販売会社は今も言を左右にしてセメントを止めている。兵糧攻め状態は苦しいが、人権侵害は許せませんから」と島田は言い切る。

二〇二四年一〇月末、島田は大阪兵庫生コン経営者セミナーで「関生事件から学ぶこと～経営者としての私の考え」と題して講演を行った。「産別労組は人権侵害と闘ってきた」「人権侵害・差別に気づいても声を上げられない企業文化・業界」と訴え、よりよい業界のため、人権意識の高い人材の育成を訴えた。

◉初の地上波テレビドキュメンタリー

沈黙を続けていたメディアからも、新しい動きが出てきた。二〇二四年三月、大阪毎日放送（MBS）のドキュメンタリー「映像24　労組と弾圧～関西生コン事件を考える」が、放映されたからだ。関西生コン事件への警察の取り締まりを批判的に描いたものとしては地上波初の番組で、日本の放送文化の質的な向上を願って創設されたギャラクシー賞の二〇二三年度テレビ部門選奨も受賞した。

制作の中心となった伊佐治整ディレクターに対する『月刊大阪弁護士会』（二〇二四年九月号）のインタビュー記事は、次のように書いている。

「関西生コンの逮捕者が出始めた頃、『こんなひどいことが起きている』と言っても、『あそこでしょ』『やり過ぎたんじゃないの』と関心を向けてもらえませんでした。伊佐治ディレクターもそうした一人だったそうです」。

そんな伊佐治が、これは報道しなければと思ったのは、インターネット・メディア「デモクラシータイムズ」で担当している労働問題トーク番組「竹信三恵子の信じられないホントの話」（二〇二三年四月二三日放映）を見た時だったという。この回は、松尾聖子らをゲストに招き、関西生コン事件で無罪判決が相次いでいることを扱っていた。この事件で家宅捜索を受け、一時、親族もろとも失職に追い込まれた松尾は、番組の中で替え歌の「無罪の歌」を披露しながら、泣いた。

伊佐治は、思想家の内田樹のリポストでこの番組を知った。この事件では、大手メディアの記者やディレクターが取材に入っても、会社側のオミットで実らない例が続出していた。警察による大規模な介入にヘイトグループの執拗で大規模なネット上での悪宣伝に、だれもがすくみ、私が本書『賃金破壊』を書いたときの緊張は激しかった。ヘイト情報を拡散した瀬戸弘幸は関生支部から名誉棄損として訴訟を起こされ、すでに二〇二一年一二月、大阪地裁から同支部と武・前委員長への損害賠償を命じられていた。それでも遠巻きの空気は続き、伊佐治も、ハードルが高い取材と構えていた。「ところが、制作に取り掛かってみると、意外とハードルはなかった」と伊佐治は言う。複数の無罪判決が確定していたことが大きかったというのだ。

局内の伊佐治の隣の席には「愛国と教育」などを制作した斉加尚代がいた。このテーマを扱おうとして進められなかったという斉加も、相談したプロデューサーも、これだけの人たちの無罪が確定しているのだから、大丈夫なのでは、と言った。

不安だったのは、テレビ番組には不可欠の映像が確保できるかどうかだった。取材開始が二〇二三年三月の和歌山事件の無罪判決の後からだったため、その場面は撮影できていない。集会があると聞いて出かけて行ったら、主催者が入れてくれなかった。それまでいくつものテレビ局が取材したが、結局ものにならず、マスコミはだめと思っていたようだった。これについては意図を丁寧に説明し、以後は取材できるようになったが、撮影できるかと期待して東京にまで出向いた加茂生コン事件の最高裁判決では、差戻しの肩透かしとなった。

映像が足りないと焦る伊佐治の頼みに、この事件のドキュメンタリー映画『ここから』を制作した土屋トカチは、快く必要な映像を提供した。土屋は、事件の始まったころから撮影を始め、二〇二二年一二月にこの映画を公開していた。ちなみにこの映画、全国九三か所で上映され、四〇〇〇人を超す観客を獲得。韓国でも上映され、二〇二四年六月、第二六回ソウル人権映画祭に招待され上映している。

最高裁の差戻しで再び不安になった伊佐治は、労働問題に詳しい旬報法律事務所の佐々木亮弁護士に意見を聞いてみた。佐々木は「労働側にとって苦しい闘いだが、取り上げる価値はある」と、背中を押してくれた。

一九七五年生まれの伊佐治は、全く知らなかった労組法の刑事免責規定を、取材の過程で学んだ。関生支部は過激な労組と聞かされていたが、それらは広域協組のそれを上回る仕打ちに対する対抗として生まれたことも、わかってきた。

難関は広域協組の取材だった。断られ続けたが、ホテルでパーティーがあると知り、会場前の廊下で待ち受け、やってきた幹部の一人に直撃取材することができた。後でホテルから「ホテル内で許可なく撮影した」と苦情が入ったが、「広域協組が借り切っていた空間で、その幹部の了解を得たのだから問題はないはず」と押し返した。

先に「メディアの沈黙」と書いたが、厳しい制約の中でも、それらを潜り抜けて掲載された小さな記事もいくつかあった。こうした中で、あまりにも多岐にわたる事件の全貌と構造と問題点をとにかく整理し、世間の誤解を解こうとまとめたのが『賃金破壊』であり、それをわかりやすく広めようとつくったのが、デモクラシータイムズの「信じられないホントの話」だった。

映画『ここから』は、映像を通じ、文字では表し切れなかった組合員たちの素顔と温かい人柄を生き生きと伝え、ヘイトグループのSNSによって棄損された組合員たちのイメージを修復した。その間、組合員の踏ん張りや弁護団の努力で、無罪が次々と勝ち取られ、世間の安心感を広げていった。MBSによる地上波のテレビ番組は、そうした地道な総力戦の上に生まれたものだったことが、伊佐治の証言から浮かんでくる。

◉「争議行為発明の天才」の復権

二〇二四年一〇月、二〇二五年二月に予定されている京都事件での湯川の判決を控え、東京都内で開かれた集会の会場に、関生支部の組合員らがやってきた。ヘイトグループのSNSや、逮捕・勾留、保釈後の行動制限によって封じ込められ、土屋や伊佐治らの映像作品を通じてしか触れることができなかった運転手たちの明るい素顔が、初めて東京に生で登場した。「人相が悪いので誤解されるのですが……」という湯川のあいさつに、会場は笑いに包まれた。これを皮切りに、同年一〇月には京都、二〇二五年二月初旬には沖縄と、当事者自らによる、事件の不当性を訴える旅が始まっている。

逮捕されたた組合員たちが、密室の取り調べの中でどのように組合脱退を迫られてきたかも、暴かれようとしている。労働基本権などの労働者に保障されている権利を侵害し、家族関係まで引き裂いた国の人権侵害の損害賠償を求めて国家賠償訴訟も続いてきたが、二〇二四年、その一環として、取り調べ録画を証拠として採用する可能性が出てきたからだ。

国側は、録画でなく、やり取りの文字起こしだけでもいいのではないかと主張してきた。だが、実際に録画を見た関係者は、文字ではわからない恐ろしさを映像は明らかにする、と話す。言葉を起こした文字だけでは「組合をやめてはどうか」という穏やかな勧誘としか読めない。それが、検察官の声や語調に押され、後ろにのけぞっていくような姿勢を取りながらも、「やめません」と必死で抵抗する組合員の姿を目にすることで、取り調べという名の脱退強要の過酷さを浮かび上がらせるからだ。

下請け構造が根を張る日本社会で、末端の労働者が賃上げをしようとすれば、直接の雇い主にではなく、その雇い主を買いたたこうとするその上の企業とも交渉せざるを得ない。そうした産業構造を変えるための社会運動的な働きかけも不可欠だ。関生支部は教科書的な労働運動を超え、現場を「実際に」変えるための創意工夫を伸び伸びと積み重ねてきた。それが、「ルール違反」として、暴力団とまでレッテルを貼られ、逮捕され、密室に閉じ込められ、圧迫を受けて、そうした活動を断念するところまで追い込まれる。団結権を擁護するはずの中労委の席で、経営側が「賃金が高いから別の運転手に取り換えた」と説明し、中立の立場の公益側委員の中から、そちらに関心を示す姿勢が出る。取り調べ録画は、そんな「賃金が上がらない国日本」のひとつの素顔を私たちに垣間見せてくれるだろう。

ただ、そうした「沈黙の社会」は、私たちの伝統でも文化でもない。社会学者の酒井隆史は、私たちの社会について、こう述べている。


「日本における社会運動、労働運動は、戦術の発明にかけてはかつてはひけをとらなかったことは、絶対に忘れてはならないでしょう。あるアメリカ人の記者は敗戦直後に日本の労働者を評して『争議行為発明の天才』という名を与えました。GHQ労働課の二代目課長は次のような言葉を残しています。

『米国のストはたいてい問題が解決するまで一斉に期限なしに労働を停止するという形態をとり、他の方法はとらない。（中略）日本には、サボタージュ、順法闘争、コーラスガールがピッチを半音上げたり、電話の交換手が電話の相手に『スト中です』と朗らかに伝えながらも、いつもの通りしたりするスト（中略）などの長い歴史がある。指導者は決まりきった形式ではなく、その重要度と効果に応じて戦術を選択した。日本では（争議のことをアメリカでいうように、ストライキ、という一つの言葉で表現できないので）〝争議行為〟という法律用語さえ作った。これは米国では必要ないものだった*5』

関西生コン事件は、かつて「争議行為発明の天才」とまで呼ばれた私たちを沈黙させ、同調させていったさまざま「手口」の見本市だ。始まった反攻を私たちが支えることは、賃金が容易に上がらず、仕事への熱意や職場への愛着を示す「エンゲージメント率」が四年連続一四五か国中最下位*6という「仕事のやりがいが最低国」を変える第一歩となる。

＊1　「人権及び多国籍企業並びにその他の企業の問題に関する作業部会の報告書」ヒューマンライツ・ナウとビジネスと人権リソースセンターによる日本語訳（仮訳）から

＊2　MBS「映像24　労組と弾圧」

＊3　中央労働委員会「労働組合の資格審査について」https://www.mhlw.go.jp/churoi/shinsa/shikaku.html

＊4　吉田美喜夫「関生事件国家賠償請求訴訟鑑定意見書：労使関係像の転換と労働法理」二〇二三年二月八日付

＊5　酒井隆史『暴力の哲学』河出文庫、二〇一六年

＊6　米ギャラップ社「2024年版年次報告書：グローバルワークプレイスの現状」https://www.gallup.com/workplace/349484/state-of-the-global-workplace-report.aspx

増補版——おわりに

この増補版を書き終える少し前、かつて金融関係の企業に勤め、産業別労組の一員として労使交渉にも参加したという読者の男性から手紙をもらった。関西生コン事件に衝撃を受けたというこの男性は、一九七〇年代ごろ、と思われる体験をつづっていた。交渉で出向いた大手都銀で、労組側の数が多くて椅子が足りなかったとき、会社側の銀行員たちは「労組のみなさんが座ってください」と席を譲ったという。それほど尊重されていた労組が、ストをしただけで大量逮捕の対象になるとは、という驚きをつづった手紙には、関生支部へのカンパとしてだろうか、何のことわり書きもなく、一万円がそっと同封されていた。

このような日本の労組の位置の激変への怒りの一方、増補版の「補章」に触れたように、ポストコロナの生活苦のなかで、より若い世代の関生支部への共感の動きも生まれている。

二つの体験は、社会基盤の変化に即した「次の働き手の守り方」を編み出すための渡り廊下のような時期としての「いま」を示しているのではないのか。関生事件の過酷さは、新しい労働権へ向けた生みの苦しみではないのか。

そんな思いに揺れ動きながら、そして、一連の裁判を経て「完結版」が世に出る日が来たとき、

「渡り廊下」の先に私たちを支える何かが見えることを願いつつ、増補版の取材に協力してくださった多くの人々への感謝を込めていったん筆をおきたい。

竹信　三恵子

竹信 三恵子

（たけのぶ・みえこ）

ジャーナリスト・和光大学名誉教授。東京生まれ。1976年東京大学文学部社会学科卒、朝日新聞社入社、経済部、シンガポール特派員、学芸部次長、編集委員兼論説委員（労働担当）、2011-2019年和光大学現代人間学部教授。著書に『ルポ雇用劣化不況』（岩波新書、日本労働ペンクラブ賞）、『ルポ賃金差別』（ちくま新書）、『しあわせに働ける社会へ』（岩波ジュニア新書）、『家事労働ハラスメント〜生きづらさの根にあるもの』（岩波新書）、『正社員消滅』（朝日新書）、『企業ファースト化する日本〜虚妄の働き方改革を問う』（岩波書店）など。貧困や雇用劣化、非正規労働者問題についての先駆的な報道活動に対し、2009年貧困ジャーナリズム大賞受賞。『賃金破壊』の執筆活動に対し、2022年日隅一雄・情報流通促進賞特別賞受賞。

増補版

賃金破壊

労働運動を「犯罪」にする国

2025年2月10日 初版第1刷発行

著者――――竹信三恵子

発行者―――木内洋育

発行所―――株式会社旬報社

〒162-0041

東京都新宿区早稲田鶴巻町544

電話　03-5579-8973

FAX　03-5579-8975

ホームページ　http://www.junposha.com/

装丁・DTP　aTELIa

印刷・製本　中央精版印刷株式会社

ISBN978-4-8451-1972-1